友道健氏
Tomomichi Kenji

方円の器II

生きるって素晴らしい

佐藤弘［編］

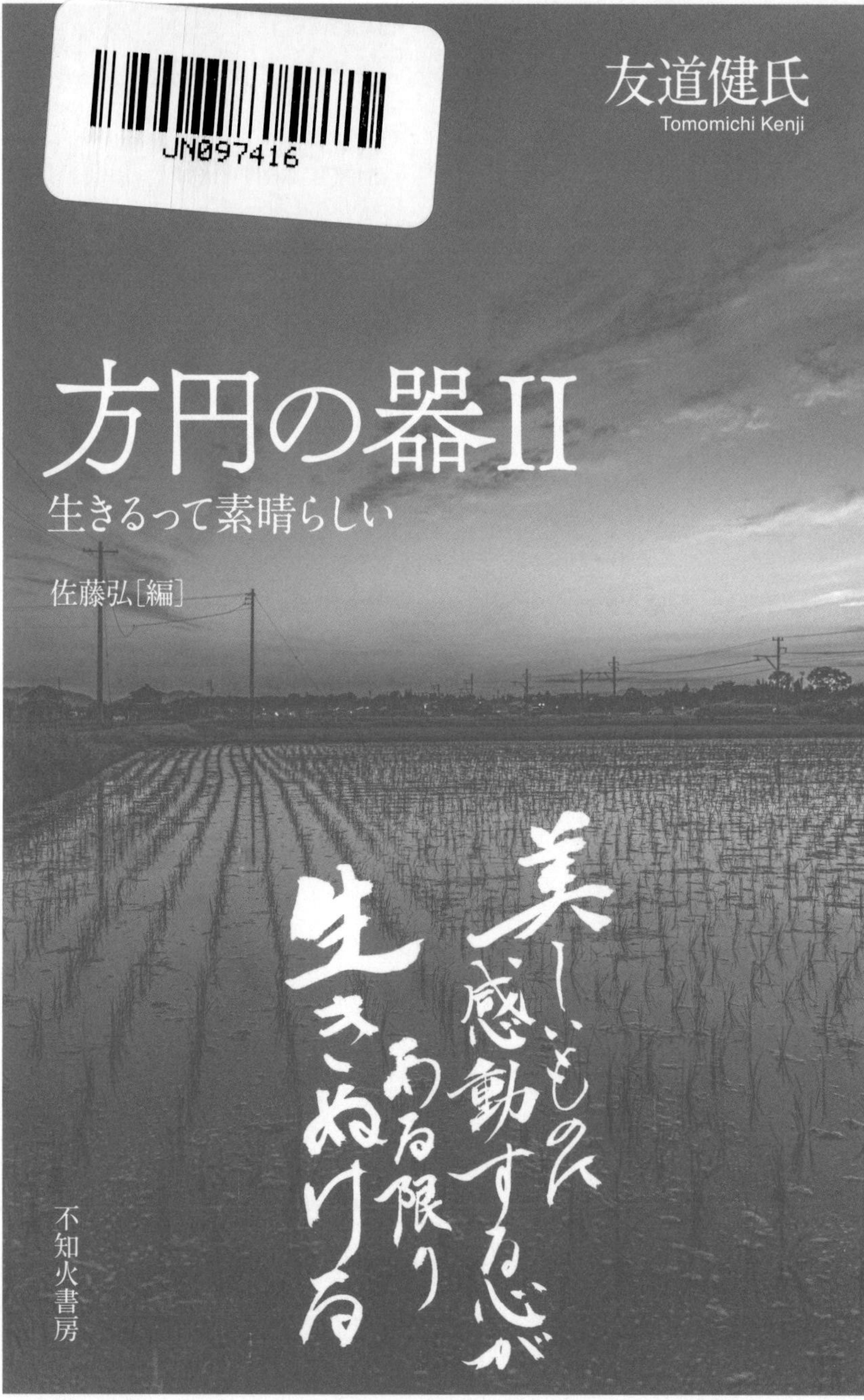
美しいものに
感動する心が
ある限り
生きぬける

不知火書房

プロローグ

祖父との約束 ——ワシと勝負せんか！

知人から、大好きな祖父との間で交わした素敵な話を聞かせてもらったことがあります。

「ワシと勝負せんか！」

当時、彼は25歳。一方、祖父は70歳を超していますから、体力で勝負になるはずはない。

「じいちゃんと、何で勝負するというの？」

祖父は静かに続けました。

「自分の人生を、おまえとじいちゃんと、どっちが一生懸命生きてきたか、おまえがあの世に来たとき、勝負しよう！」

彼は思ったそうです。壮烈な生き方をした祖父に勝てる生き方なんてできない、と。

当時、彼は福山競馬のジョッキーでした。その後、競馬場の廃止により、職を失うのですが、家族を路頭に迷わせるわけにはいかないと、朝晩、身を粉にして働きました。

「その時の私を支えたのは、あの世で堂々と報告するという祖父との約束です」

祖父と会話を交わした折には考えられなかった油まみれの手を見つめながら、彼は私にそう語りました。

父親に代わって彼を育て上げた後、胃ガンが悪化して亡くなったという祖父。冒頭の言葉はまさに命の炎をしぼりだし、孫に託したエールだったのでしょう。

私も命を賭し、熱く生きたいものです。

方円の器Ⅱ◎目次

カバー写真（表） 友道伸子

方円の器Ⅱ

生きるって素晴らしい

方円の器とは

わが古里、広島県福山市神辺町には、江戸時代に生きた儒学者、菅茶山先生（1748〜1827年）が開設された私塾「廉塾」があります。そこに先生が置かれたのが、「方円の手水鉢」と呼ばれる、方（四角）と円の形をした手洗いの水を入れておく鉢。「水随方円器（水は方円の器に随う）」という、荀子や韓非子の教訓を形にしたものです。

方円の手水鉢について先生は、次のような意味の言葉を残しています。

水には自分の形がない。重箱に入れる

「廉塾」にある方円の器

と四角に、桶に入れると丸い形にと、器に合わせてたちどころに姿を変える。人もそれと同じで、入れる器（環境や教育、交友など）によって、良くも悪くもなるのだ――。

私も茶山先生に倣い、中学という学びの場が、無限の可能性を秘めた若者たちを導く最適の器になるよう精魂を傾けてきました。

残念ながら、その志は50代後半に発症した「多発性骨髄腫」という血液のガンにより、道半ばで中断を余儀なくされてしまいましたが、私がどんな理想の器をつくろうと考え、どう行動してきたか、この本を通して皆さまと共有できれば幸いです。

第1章

病室落語

「病院が見える、病室が分かるよ…。僕はあの窓から毎日、ここを見ていたんだ…」
（2019年9月、福山市の長谷川写真館）

1　病室落語

２０１９年9月10日。地元福山市神辺町の長谷川写真館で、「ｓｔｕｄｉｏ寄席」を企画しました。

17年1月、ドクターから突然、「多発性骨髄腫」という血液のガンであることを告げられた私。造血幹細胞の自家移植など厳しい治療に耐え、一時は回復したのですが再発し、19年9月末から再び無菌室での缶詰め生活が始まることに。そこで再入院で〝監禁〟状態となる直前、昔取った杵柄で闘病生活をネタに台本を書き、落語会を開くことにしたのです。

題して創作落語「病室日記」。はじまり、はじまりー。

国民の半分がガンになる時代

まずは、謎掛けから。

「治りかけの風邪」と掛けて、「離婚の危機を迎えた夫婦」と解く。その心は…。

「熱は下がったけど、セキだけ残る」

糖尿病患者も多いですね。食事や運動、薬などでの治療が主流ですが、歯科医院で歯周病を治し、命の入り口である口をきれいにすると糖尿病の数値が下がるそうですな。

「ハイシャ復活戦」です。

友人と、源頼朝のしゃれこうべが置いてあるという、まちの博物館を訪ねたときのこと。案内人が二つのしゃれこうべを指し、友人に解説しました。

「こちらのしゃれこうべは頼朝公の幼少のみぎりのもので、あちらが成人されたときのものです」

「へー、違うもんだね」

いやあ、どっちもどっち。何考えてんだか。

さて、誰でも病にはかかりたくないもので、特に心臓病、ガン、脳梗塞（こうそく）の三大疾病（しっぺい）なんてのはゴメンですね。

なかでも怖いのが、日本人の死因の1位であるガン。今や、日本人の2人に1人はかかるというから、日本人の国民病みたいなもんですね。この会場に集まった皆さんの真ん中から半分はガンですよ～、てなもんでね。

かくいう私もガンになりまして、そんな日々を落語にしてみました。肩の力を抜いてお聞きいただければと思います。

怖いガンを笑い飛ばしているうち、「な～んだ、ガンって大したことないじゃないか、俺も一つガンになってやろうじゃないか」なんて方がおいでになると、大したもんです。

「ガン友、一丁上がりぃ」、な～んてね。

「安心してください」

さて、私が突然、歩けなくなったのは3年前の16年12月のこと。

その前から腰が痛いなあ、とは思っていたのですが、徐々に痛みが増し、気がついたら100メートルも歩くことができない状態に。

病院で診てもらったら、何と信じられない病名を告げられたんですよ。

「先生、僕はどんな病気だったんですか？」

「あ、これはまず間違いなく、多発性骨髄腫ですね」

「何です？　多発性骨髄腫って。聞いたこともない病気なんですが…」

「あ、それは血液のガンですね。心配しなくても」

「えっ、ガンなんですか！　それって大変じゃないですか？」

「ガンといっても血液のガンなんですよ。白血病や悪性リンパ腫みたいなもんです。胃ガンとか大腸ガンのように目に見えるガンじゃなくって。目に見えないんです、安心してください」って…。

何が安心かどうか、わかりませんでしたが。

ガンの告知って、「ガーン」とくるくらい、シリアスだろうと想像していたんですが、私の主治医は、インフルエンザのA型かB型かの違いを言い表すような程度で告げてくれたんですね。

振り返ると、それくらい軽〜く言われるのもいいもんです。インフルエンザを治す程度に頑張りゃ何とかなるかもと、実際思ったんですから。そのときは、ですね。

ググッてみたら

で、今の世の中は便利なもので、わからなきゃ簡単に調べられるんですね。グーグルやヤフーなんかに言葉を入力するだけで、さっとわかるんです。知らなくてもいいようなことまで…。

「母さん、パソコンの準備ができたよ」

「じゃあ、調べてみようか」

「多発性骨髄腫、と。あら〜、ずらずらと出て来たよ。どこから見ていいんか、わからんの〜」

「一番、簡単そうなのがあるじゃない。それにしようよ」

「そうだな、ここあたりがいいかな。コッズイシュ通信か。どれどれ」

《多発性骨髄腫とは、本来、異物から私たちの体を守ってくれている細胞がガン化してしまい、さまざまな症状を引き起こす病気です》

「う〜ん、わかるようで、わからんのう」

「先生の説明も難しかったし、私もよくわからない。でも、何となく大丈夫なんじゃない？」

「母さんはいつでもノーテンキじゃな。ま、そこがまたいいとこじゃけどね」

「そうそう、父さんは死なない人だから」

「で、でも母さん。こ、こんなことも書いてあるぞ」

《かつては不治の病といわれていたが、治療法の進歩により5年後の生存率は50％。医療の進歩によって生存率はこれでも高まっている》

「ん？　こりゃ、大変だぞ」

「えっ！　5年生きている確率って50パーセントなわけ？」

「ワシ、死ぬかもしれんのか…。やっちまったな（涙）」

「いやいや、そんなバカなことはないよ、父さんは、絶対に大丈夫だから」

とにもかくにも告知後、即入院することに。ここからが長い闘病生活の始まりでした。

病院では検査に次ぐ検査。ようやく治療が始まったかと思うと、抗ガン剤治療の副作用が半端ないんです。体に鉛がへばりついたような倦怠感や吐き気、発熱、手足のしびれ、味覚障害、脱毛…。案外辛いのが便秘と下痢。1日20回近く下痢すると、「もうどうにかして〜」。これ本当に、たまったもんじゃないですよぉ。

細い血管

病院で働いている方には当たり前のことでしょうが、われわれ一般ピーポーにとっては、入院というのは特殊な状況下。普段眠っている不思議な能力が目覚めるのか、とにかく病院では不思議な体験をするんです。われわれ入院患者にとっては、これが面白くてたまらない。

私の場合、部屋に入ってきた看護師さんの雰囲気で、注射のうまい人、下手な人が一瞬にして分かるようになりました。これ、本当です！

週に1度の血液検査では、採血で看護師さんのお世話になるのですが、涙が出るほど痛い時と、痛くない時があるんです。

痛くない看護師さんは何食わぬ顔して病室に入り、「友道さん、今日もいい天気ですね」とか言っているうちに、気がついたらもう採血は終わっています。

一方の痛い看護師さん。採血をしようと私の腕を持ち上げた後、私に聞こえるように必ずつぶやきます。「あらー、血管の細いこと」

この意味、わかります？　血管が細いのは看護師さんの責任じゃない。だからうまくいかなくても、悪いのは私のせいとなるわけです。

そして血管を出すために体罰に訴える（腕をたたく）。私をバカにするように、パーと自分の手のひらを広げて、「手をグーパーしなさいっ」と命令する。それでもダメな時は〝チェーンジ〟。もちろん私の腕は取り換えられませんから、看護師さんが交代するんですけどね…。

「お名前を…」

病院で絶対に許されないのが医療事故ですよね。看護師さんは、それはそれは気を遣っていて、投薬や点滴の際、必ず名前を確認するというルールを厳守していました。

「お薬のお時間ですよ～。お名前を確認します」

「友道健氏です」

入院して1週間くらいはいいんですよ。でも、顔見知りになっても毎回毎回答えさせられると…。「名前くらい覚えてくれよ」。そう言いたくなる気持ち、分かるでしょ。

1カ月ぐらいたった頃、ついに反旗を翻しました。

「お薬の時間です。お名前を言ってください」

「ロバート・デ・ニーロです」

「えっ！　ロバート・デ・ニーロさんじゃ、お薬あげられないですぅ」

まあ、いろんな名前を登場させました。

高倉健、小林旭、ハリソン・フォード…。古いって？　「寿限無(じゅげむ)、寿限無、五劫(ごこう)の擦り切れ…」と、ときには落語の「寿限無」を語ることもありました。

毎回やっていると、敵もさるもの。ある看護師は、「今日のお名前は寿限無さんじゃないの?」」。

また別の看護師は、「友道さ～ん。おはようございます！　今日の体調はいかがですか。今朝のお薬です、お名前は?」。さっき言ったじゃねーかよ、と、わざと私にツッコませるとか。

面白かったのは、「じゃあ、森進一です」と言ったとき。

「森進一って、誰ですか」

「！」

なんと若い看護師さん、本当に森進一を知らないんです。なんか急に面白くなってきて、暇に飽かせて、「何でも調査隊」を結成することにしました。隊員は私一人の自主組織ですが、病室に来た看護師さん一人一人に、「森進一を知っていますか」って尋ねることにしたんです。

　すると、森進一を知っているのは昭和生まれの看護師。平成生まれの看護師は、森進一も森昌子も知らない人が多かった。調査隊が発掘した、昭和と平成の断層です。

　一つ解決したら、また次。退院するその日まで、調査隊の任務に終わりはありません。

　そして天から降りてきた次なるミッションが、「看護師さんは皆、美しいが、中でも一番美しい看護師さんってどこにいる人じゃろう？」。

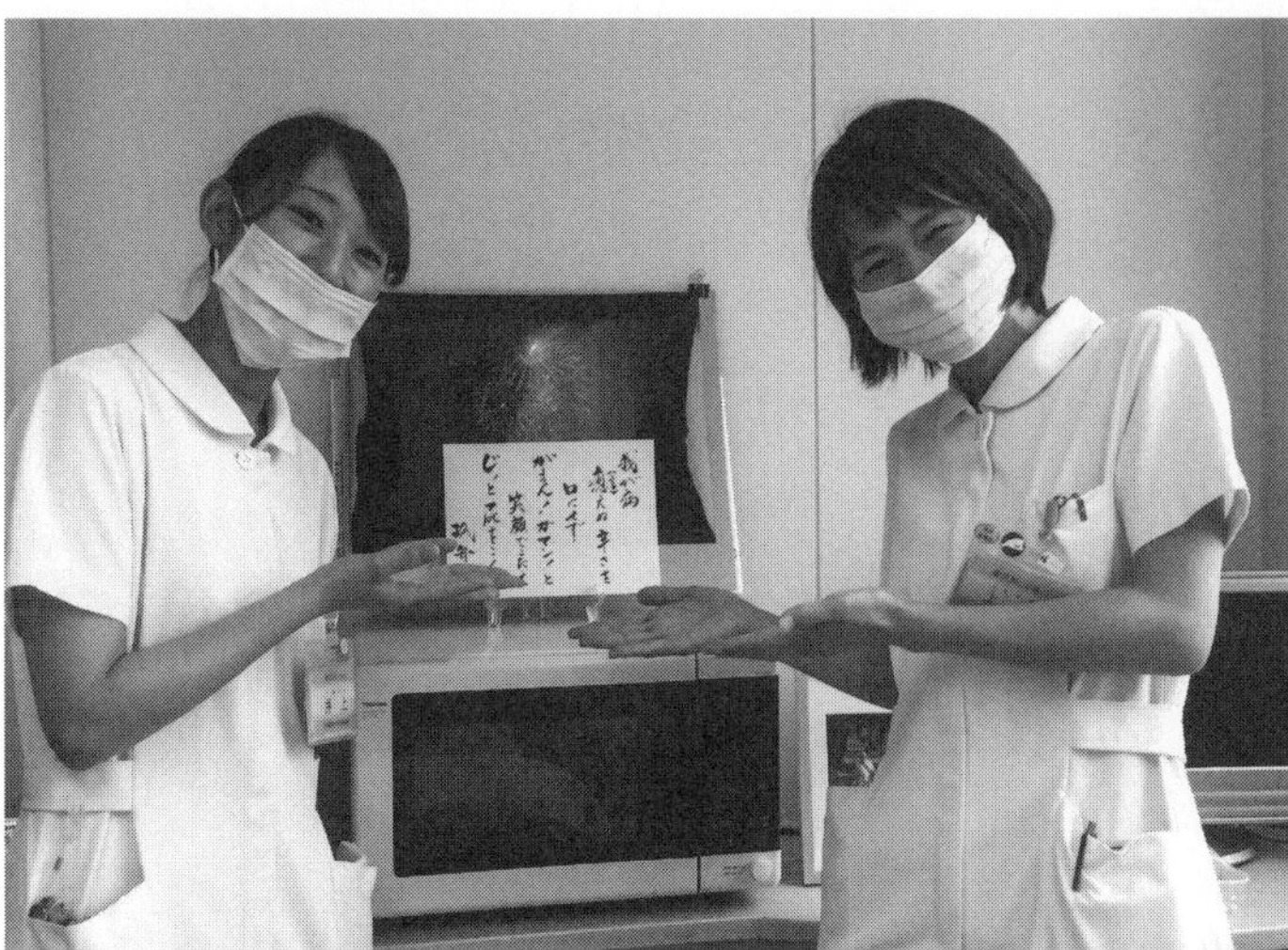

病室に置いた色紙の前でポーズをとらされる看護師さんたち

掃除のオバちゃんは見た！

皆さん。看護師さんって美しいと思いませんか。まあ、なかには、かつては美しかったんだろうという方もおられますが…。

さて、広い病院の中で、それをどうやって調べるか？

こんなときは当事者の看護師たちに聞いても駄目。かといって男どもに聞いたら、好みが先走ってもっと駄目。

やはり、女性を知るのは女性しかいない。そこで私は、病院各所を忍者のように行き来しながら、じっと女性目線で見つめている人たちと、お友達になったんです。

それは掃除のオバちゃん集団。

当時、造血幹細胞移植で体力が弱っていた私は一人、無菌室にいたのですが、掃除のオバちゃんは看護師同様、毎日、病室にやって来てくれます。生身の人間と話せるのがうれしくて、彼女らとペチャクチャやっているうち、どこの科の看護師が一番美しいかで盛り上がっちゃったんですね。まったくもって、いいかげんなガン患者ですな。

早く答えを教えろって？　分かりました。皆さん、いろいろご意見はあるでしょうが、私は何でも調査隊の責任者として、強い確信を持ってここに発表させていただきます。

それは手術室の看護師。これが一番美しいんです。

理由はこうです。あってはならないけれど、手術室に入る患者さんには、万が一ということがあるじゃないですか。それを考えると、せめて、この世の慰めとして、最後に美しい看護師に見守られてあの世に旅立たせてあげることも、病院側の配慮としてアリ、じゃないでしょうか。

この仮説を、実際に手術室の看護師さんに当ててみると、確かに同性のオバちゃんたちから見ても、美しい印象を受けることが多いそうです。手術室の看護師って全身、緑の手術着を身にまといますから、顔が見えるのは目の周りしかない。だから、化粧も目の周りだけやっておけば間に合うんだとか。

手術前の高ぶる気持ちの中、マスク越しの看護師のパッチリしたお目々に見つめられ、その優しい声を聴く患者。そこで麻酔。患者が目をつぶると、まぶたの裏に絶世の美人の残像が…、てな具合。

いやあ、掃除のオバちゃんたちの視線の鋭さは大したもの。市原悦子さんの人気シリーズ「家政婦は見た！」ならぬ、「掃除のオバちゃんは見た！」ですね。

「励ます」の由来？

抗ガン剤によっては髪の毛が抜けるって、皆さん、ご存じですよね。私の場合もそうでした。抜ける時は一気に抜けます。でも心配無用。抗ガン剤をやめるとまた生えてきますから。ただし、誰でも生えてくるわけじゃない。生えてくるのは、今、髪の毛がある患者さんだけ。

現時点ですでに輝きを増しておられる方は、そのままですので。「よし、オレも抗ガン剤を使ったら、髪が増えるかも」とか、よい子はばかなこと考えちゃいけません。

もひとつ。髪の毛はみなスポッと一様に抜けるのかと思ったら、少し違うんですね。早く抜けるのは、新陳代謝の激しいところ。つまり、若い髪の毛から早く抜け、年老いた髪の毛は最後に抜けるんです。

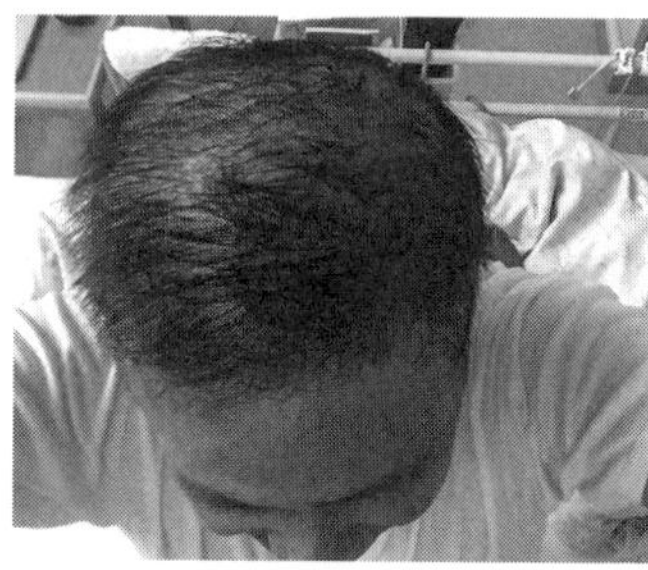

髪の毛のビフォー

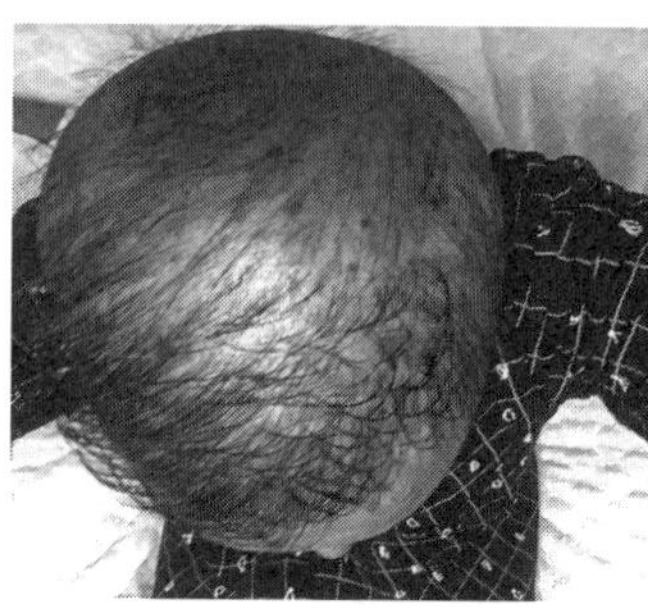

アフター（1日後）。フェイスブックに公開したら、喜ぶ人の多いこと

私の場合、側頭部が早く抜け、頭頂部の白髪が残りました。どうせなら、この妙ちくりんな頭を楽しんでやろうと、髪の毛が抜ける過程を毎日写真で記録。ネットで公開すると、その反響の大きいこと、大きいこと。

特に髪の毛が寂しい方ほどハゲましてくれました。生徒には教えていないけど、「励ます」って言葉はここから来たという説もあるくらいで…。「大丈夫か」「そんなに落ち込むことはない。また生えてくる」って同情するふりをしながら、なんかうれしそうなんです。

そんな友情も、また髪の毛が生えてくると、ハゲしく態度が一変。「なんだ、生えてきたんだ〜。あ〜あ、つまらな〜い」てな感じに。人間ちゅうのはオモロイですね。

コロコロ

オモロイといえば、わが女房殿もなかなかのもの。

あるとき、見舞いで病室に来た女房が、抗ガン剤の副作用で抜け落ち、ベッドに落ちたわが頭髪を、コロコロ（粘着ローラー）で集めはじめました。

と、腹痛で元気のない私の姿を見てとり、なんと、私の頭にコロコロを当ててきたのです。

当然、コロコロにはたくさんの髪の毛が。するとと女房は「こんなにぎょうさん取れた」

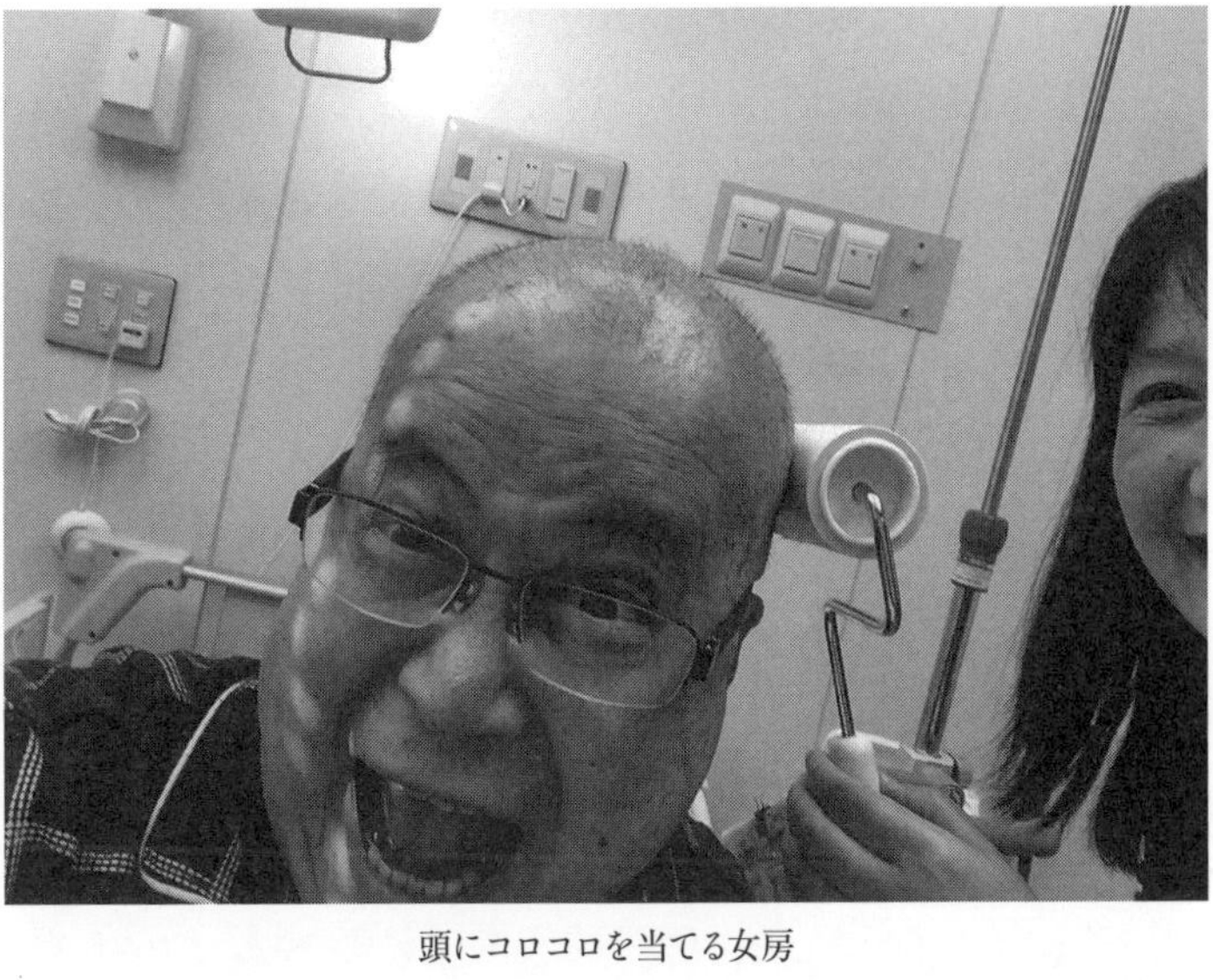

頭にコロコロを当てる女房

と大喜び。

「おい、むちゃすんなよ」

「まだたくさん残っとるけぇ、安心し」と、スマホで撮った私の後頭部の写真を見せたんです。

写真にはコロコロの跡がくっきり。2人で腹が痛くなるほど笑ううち、先ほどまでの腹痛が、どっかに飛んでいってしまいました。

無菌室なので、面会は1時間が限度。でも、病室でたわいもない話で大笑いすることで、一瞬だけど治療の苦しさから解放された感慨に浸っていたら、「これって落語の台本になるかな?」と女房。

いやはや、かなわんなあ、と考えていると、今度は「お父さん、コロコロを当てて髪の毛が抜けるんやったら、逆回ししたら、逆に髪の毛増えるんとちゃう?」。

「おっ、やろやろ」

「ほな、いくで~。よいしょ、っと」

「どや母さん。生えたか?」

「いや。また、ぎょうさんとれたわ」(笑)

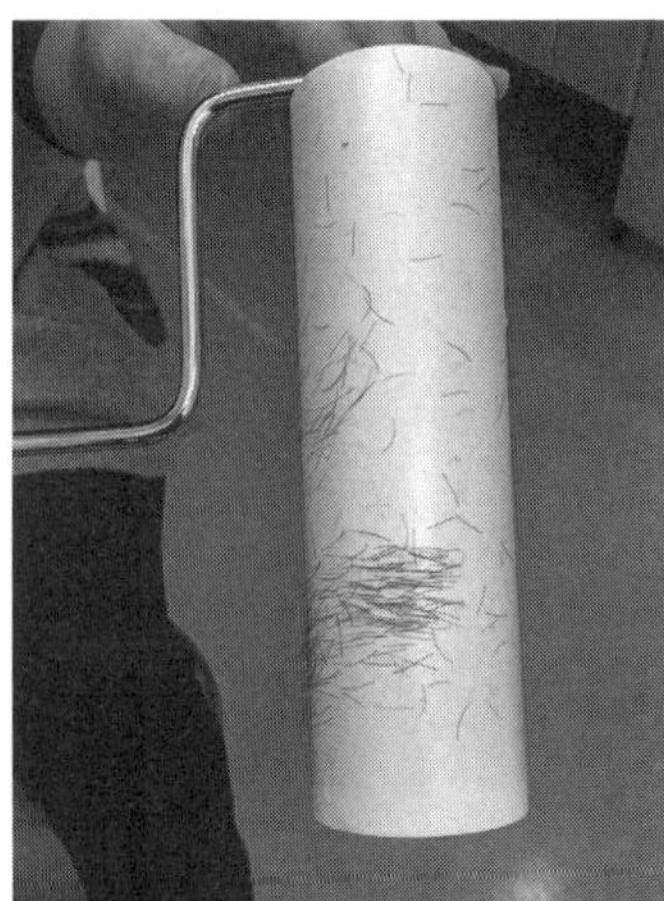
「また、ぎょうさんとれたわ」

点の夫婦

わが家は年老いた両親と同居しています。最近、ことに認知症が進行する母の遠ざかりつつある記憶とも向き合いながら、毎日私の病院まで、往復１００キロの道のりを自家用車で通ってくれる女房殿とは、こんな会話もありました。

「お父さん、来たよ。今日は顔色がいいじゃないの」

「母さん。毎日スマンな。今日は吐き気もあまりなくって、少し動き回れたんよ」

「とにかく、気持ちで負けてはダメよ。病は気からよ」

「わかってるよ。でも、ホント苦労かけるな。こんな病気にならなきゃ、もっと楽な暮らしができただろうにね。本当にスマンな」

「スマンはなしよ。私は今の生活でいいと思ってる。決して病気になっていいと言ってるんじゃないよ。そりゃ、医療費も大変だし、収入もなくなって大変だけど、こうして父さんと一緒に時間を過ごすことができ、同じ空間にずっと居られてよかったと思うよ。結婚してこれまで、こんなに一緒に居たことってないじゃない」

「確かに、こんなにたわいない話で盛り上がることもなかったしね」

「私たち、今まで「点の夫婦」だったのよ」

「何だい、それ」

「父さんは学校と家庭の往復。家には夕食を食べに帰るだけで、寝て起きたらすぐ学校に行く。私も好きなピアノで飛び回って、夫婦の触れ合いは点だった。でも今、こうしてずっと一緒に居られるってすてきなことだと思うわけよ。点の夫婦から線の夫婦に位が上がったんじゃない？」

「うまいこと言うね」

「触れ合いって、時間と場所を共有することじゃないかな。それだけじゃ、見知らぬ人が電車に乗っていても同じだけど、そこにお互いを思いやる心があるかどうか。これが一番の問題と思ったの」

「考えてみると、これまで仕事一辺倒の夫婦だったね。休みの日もあったもんじゃない。ゆっくりこんなに夫婦だけで話して笑い合ったこともどれだけあったかな。確かに母さんの言う通りだ」

「………」

「でも、子育てについては話してたと思うぞ。子はカスガイっていうけど、あれは本当だな。それでも病気にならなかったら、点の夫婦に過ぎなかったんだ。ものは考えようだな。病気して良かったのかもしれないね。そして次は線から面の夫婦へと、愛が深まるんじゃや。なあ、母さん」

「………」

「母さん、何か言えよ…。なんだ、かわいい顔して…、寝てやがる…」

みじめアタッカー

無理にオチをつけているわけではないのですが、なんで私が入院中にこんなことばかり考えているかって？

よくぞ聞いてくれました。

「可及其智　不可及其愚」（その智に及ぶべくも、その愚に及ぶべからず）という禅の教えがあります。「お利口にはなれても、バカになるのははるかに難しい。そのバカにお前はなれるか」。こんな意味なのだそうです。

第一次マンザイブームの真っただ中、私は京都の同志社大学で、「喜劇研究会」というお笑い全般を研究する同好会に所属していました。いわゆる「落語研究会」のような団体で、落語や漫才・コントを中心に活動。大学のお笑い系クラブの中では歴史だけはけっこう古く、有名どころとしては、俳優では二つ後輩に生瀬勝久くん、若手ならカズレーザーさんとかがいるんです。

当時、喜劇研究会のメンバーは、テレビに出演する機会が何度かありました。そのうちの一つが、朝日放送の「ラブアタック！」（１９７５〜８４年）。司会の横山ノックさんや上岡龍太郎さんなんかが見つめる前で、一人の女性（かぐや姫）に対して、男子学生のア

同志社大喜劇研究会の引退寄席で、お笑いを一席

タッカー4～5人が、体力勝負や個性的な自己紹介をして魅力をアピールし、かぐや姫の心を射止めるという内容の人気番組でした。

研究会に出演の声がかかったとき、最初にチャレンジしたのが私。その後、多くの部員が出演することになりますが、ディレクターの松本修さんは、どういうわけか、私に多くの仕事を依頼してきました。

番組の中で、当時の大学生の日常を楽しく紹介するキャンパスリポートとか、番組を盛り上げるため、かぐや姫におもしろおかしい自己紹介を披露した挙句、奈落の底に落ちるフラレ役とか。上岡さんは、この役を担う学生のことを「みじめアタッカー」と紹介していましたが、私は同志社大学では二代目のみじめアタッカーでした。

ちなみに、初代は、あの『永遠の0』を書いた小説家H田尚樹先輩（！）。

その後、私は教師の採用試験を受けて運よく合格するのですが、私が教師になることに部員たちが驚くこと、驚くこと。まあ、当然ですがね。

お世話になった松本ディレクターに、報告に行ったときの言葉も忘れられません。

「えっ、教師になるの？　広島に帰るのか…。それは良かった。でも、君の面白さをもっと引き出してあげられたのに、すまんな～」

松本さんは私を芸人にでもしようと思われたのかもしれません。

でも私は、この言葉に救われた気がしました。それまで笑いをとるためバカを演じてきたのですが、バカを演じなくても私自身の存在に面白さがあるのなら、普通にしていればそれでいいんだという、そんな感覚になりました。

　余談ですが、その後、松本ディレクターは新たな番組を手がけます。

「僕は他の人のために一身を捧げて一所懸命働く、そんな番組を作りたいんだ。ラブアタックも、アタッカーがかぐや姫を幸せにするために、必死に自己アピールしていったたろ。今回の番組は、こんなことがやりたい、知りたいという視聴者のおぼろげな夢を、私たちが叶えましょうという内容の番組で、視聴者のために働くタレン

かぐや姫に振られます

ラブアタックでコントを演じる

インドネシアのバリ島クタビーチでロケの合間に。左が松本修さん

かぐや姫を追い求めて伊勢・志摩へ

トさんは中世の騎士（ナイト）のような存在なんだ」

そうして誕生したのが、今なお続く長寿番組「探偵！ナイトスクープ」（1988年〜）でした。

ところで私、この手の話を教師になってからは、ほとんど語っていません。

なぜなら大学卒業前、ラブアタックの企画で「卒業生みじめアタッカー大会」に出演した私は、「広島の島の学校に奉職します」なんてことを言いながら、かぐや姫に求愛したんです。

放映されたのは、3月末の日曜日。と、4月になり、新人教師として着任した山間（やまあい）の学校で挨拶をしていると、生徒が「あっ！　みじめアタッカーや」。なんと番組を見ていた生徒がいたのです。

いやはや、そのあとの大変だったこと。おかげで最初から生徒の人気者にはなれましたが（苦笑）。

蚊も死んでいく

あるとき、私の病室に主治医の佐野先生がやってきました。

「いかがですか」

「少し体がだるいですね」

「薬の影響でしょう。今日はゆっくりしてください」

「先生、抗ガン剤ってすごいですね。先日、一時帰宅した時、蚊に刺されたんです。すると、血を吸って飛び立とうとした蚊が下に落ちたんです。死んでいるんですよ！」

「え〜、本当ですか？　抗ガン剤が蚊にも効いているんですか？　そんなの聞いたことないです！」

「うっそでーす」

「えっ、な〜んだ。びっくりするじゃないですか、本当に。でも、友道さんって、いつもおかしいことばっかり言って笑わせてくれますね」

「笑いって、ガン患者にとって、とっても大切だって思うんですよ。血液のガンの治療は1年以上かかりますよね。体もしんどいけど、心が折れそうになっちゃうんです。そうなると、治る病も治らないでしょ」

「確かに、心が折れたら治療効果も高まりません。日頃から笑うということは、ガンの治療を補う上で効果がありますね。また、家族の支えがあるかないかで、治療の効果も違ってきます。ガンは、1人で治療するのではなく、周囲と力を合わせて克服する病でもあると思います。家族の力で、科学

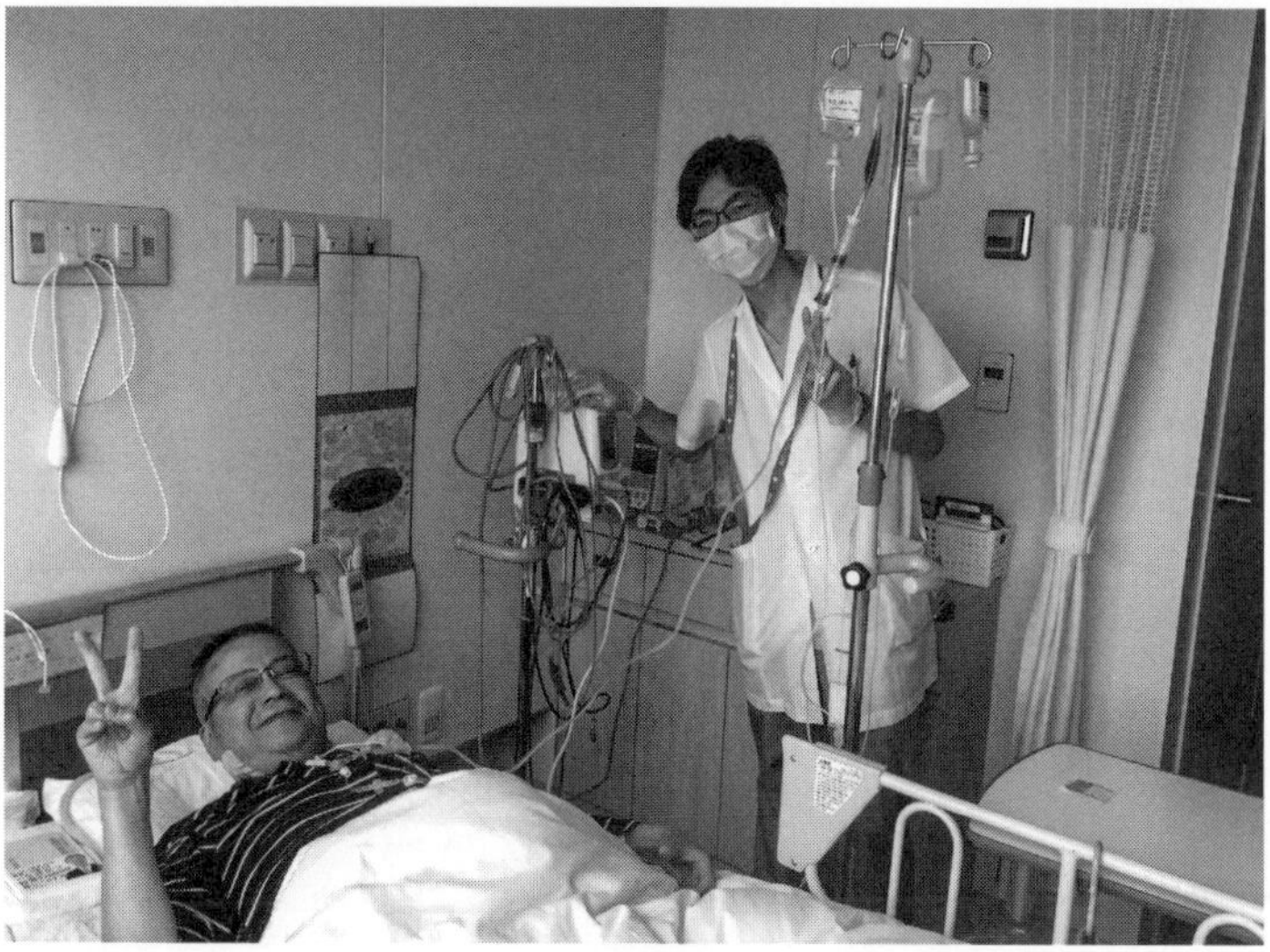

もう一人の主治医、内田先生

では証明できないようなことが起きることもあるんです」

「そうなんですね」

「それからもう一つ。病を治すのは患者さん自身なんですよ」

「えっ。病気を治すのはお医者さんじゃなくて、僕たち患者だっていうんですか？」

「そうですよ。直接、病気に関わっているのは患者さん自身でしょ。われわれ医師は、患者さんが治そうとするのをお手伝いするのです。だから、患者さんが前向きな気持ちになれるかどうかが大切なんです。笑いの力や、自分の口で、あれを食べたいって思う気持ちとか、毎日ワクワクする生活を送ることは、とても意味あることなんです」

「へー、そういうもんですか。じゃあ、もっと笑って、しっかり食べて過ごせるようにしますよ」

動く電車は自由の象徴

とはいえ、抗ガン剤を半年続けて投与されると手足はしびれ、体はだるさを増します。それはもう生きているのが嫌になるほどの感覚。でも「それも抗ガン剤がよく効いている証拠」という周囲の励ましを頼りに、私は独り病室で、ただただ必死に耐えるだけです。

テレビやネットがあるから、世間と隔離されているわけではありません。でも外出とかはできませんから、私の肉眼で見える外の世界は、病室の窓の向こうに広がる景色だけ。毎日苦痛にうめきながら、ＪＲ山陽線を行き交う電車を眺めていました。

「あー、電車が走ってる。いいなあ、満員じゃないか。みんな会社に行ったり、学校に通ったりしてるんだなあ。電車に揺られながら、新聞を読んだり、勉強したり。今だったらスマホかもしれんけど、みんな今日は何をしようかと、１日の予定を頭の中で描いているんだろうな。それに引き換え、僕はこの部屋で静かに治療を受けるだけ。かごの中の鳥と変わらんなあ」。そんなことを考えるうち、いつしかあの動く電車こそが、私にとって自由の象徴に見えてきたのです。

あの電車のあたりから、この病棟はどんなふうに見えているんだろう。退院したら一度、あそこから病棟を見てみたい。いや、絶対に見るぞ。いつしかそれは、私の果たすべき目標になっていました。

生きていける

私が挑んでいたのは、骨髄の中で赤血球や白血球、血小板などを作る造血幹細胞を体内に移植する「造血幹細胞移植」です。移植前には、体内に潜むガン細胞を全て死滅させねば前に進めないため、大量の抗ガン

病室から見た山陽本線を走る電車。自由の象徴だった

剤投与が必要でした。

この治療法は完治が見込める半面、強力な抗ガン剤の副作用で白血球がゼロになるなど、非常に強い副作用や合併症を伴います。実際、頭ガンガンで、考えることすらしんどく、浮遊物のように病室をフラフラするのが精いっぱい。トイレに行く以外はベッドに横たわり耐えるだけです。出血時に血を固めて止める血小板がゼロに近づくと、さらに危険なことに。便秘にでもなって痔が切れたら、もう血は止まりません。ちょっとしたことで出血したり転倒したりしないよう、それはそれは細心の注意を払って生活していました。

赤血球も少なくなり、酸素吸入のお世話になることも。何か危険な状態になったらその都度、輸血です。酸素吸入と輸血。まさに私はこの二つによって、命を永らえさせていただいていたんです。

それまでは無菌室にいても家族と会える時間はありましたが、ここまでいくと抵抗力も失われ、感染症の危険が非常に高くなるので面会時間もさらに制限されるようになりました。痛みに加え、孤独との闘いはとても辛く、気がつけば涙で枕がビッショリぬれていたことも一度や二度じゃありませんでした。

「死んだ方が楽かも…」

心が折れそうになったとき、私のパソコンに一通のメールが。差出人は、地元で写真館を営む友人の長谷川克己さんでした。

「先生のガンは治る見込みがあるんだから。泣こうがわめこうが、治療に耐える義務がある。家族のために耐えなけりゃいけないんだ」

この厳しい言葉に私の背筋が伸びたのです。

家族のために耐える…。そうだよな。今の私の治療は、生きるための治療なんだよな…。

実は彼、奥さんをガンで亡くしていたんです。奥さんの場合、ガンが見つかった時はもう手遅れの状態だった。けれども亡くなるまで、つらい抗ガン剤をやめることができなかったそうなんです。

なぜか。もし、抗ガン剤を止めてしまうと、奥さんは自分が見捨てられたと思うかもしれない。治るかどうか分からないのに、苦しい治療をさせてしまったことがはたして正解だったのか…。今でも悩んでいるって、彼は言っていました。

それに比べたら、私の治療はどんなに辛くったって、生きていける望みがある。

「僕は甘えとった。もっと気持ちを強う持たんといけんのよ」。そう気持ちを奮い立たせて耐えるうち、私の体内から採取し、保存してあった健康な造血幹細胞を体内に戻す待望の自家移植が始まりました。

2週間後、幹細胞が血液を造り始めると、昨日まであんなにしんどかった体がうそのように楽になりました。「あー、生きていける」。そう叫んだことを思い出します。

無菌室に入院すること40日。退院したその足で、妻にJR山陽線から病院を見渡せる場所へ連れて行ってもらいました。私の脳裏には、この1年間の苦しかったことが、走馬灯のように駆け巡りました。

「病院が見える、病室が分かるよ…。僕はあの窓から毎日、ここを見ていたんだ。母さん、僕、頑張ったよね」

「父さんは本当によく辛抱してくれた…」

「母さん。僕、ガンからいろんなことを教えられたような気がする」

「どんなこと？」

「例えばね、頑張らないけど諦めないってこと。ガンは僕がつくったものだろ？　だから、僕がガンに勝つなんて無理な話かもしれないんだ。でもね、ガンに負けないことを諦めたらおしまいなんだ」

「なるほど。さすが校長先生にできたガンは違うわね」

「え？　何が違うんだい？」

「教師のガンだから、教えるのもうまいのよ」

お後がよろしいようで。

ＪＲ山陽本線側から見た病院の全景。退院後、ここから病院を見たとき、涙がこぼれた

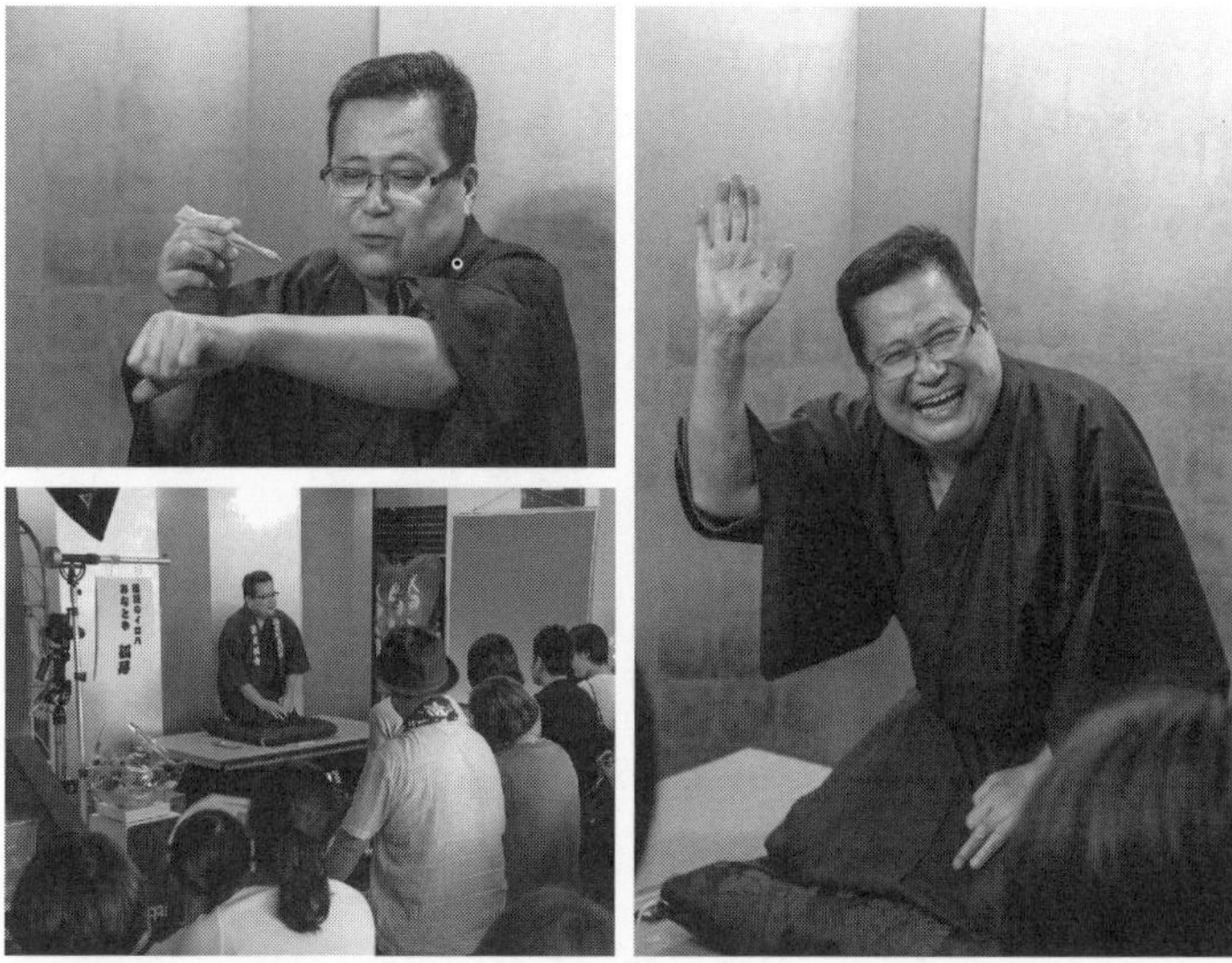

長谷川写真館でのスタジオ寄席（2019年9月10日）

落語会がはねた後の家族写真。このときは孫1人だったが、この後、男女2人の孫が誕生し、3人のおじいちゃんになった

2　「病室落語」ができるまで

２０２０年10月現在、私は自宅で療養中です。造血幹細胞移植は昨年末に無事終わったんですが、生半可な病ではないので、まだまだ私を解放してくれそうにはありません。

思い返せば17年3月、大成館中学校での最後の校長挨拶で、生徒たちに向けて「どんなことがあっても諦めるんじゃない」「笑顔で明日に向かって歩んでいこう」と語りました。

ガン友

それから3年余。その決意は、いささかも変わりません。でも、ガン友の訃報を聞くと、さすがに心が折れかけます。

この前もガン友の奥さんから連絡がありました。

「亡くなる1週間前、苦しむ表情を見るのが辛かった」「でも、亡くなったときの顔は穏やかだった」――。

別の方からはこんなメッセージも。

「○○の妻でございます。主人から先生とのＬＩＮＥの件は聞いておりました。吐き気が酷(ひど)くなって急変した主人は○月○日夜、旅立ちました。先生とは、同じようにガンの治療のお話ができ、主人にとっては良い時間だったと思います。どうぞ日々を大事にされて、主人が生きたかった明日を、主人の分まで前を向いて進んでくださいね。今まで大変お世話になりました。ありがとうございました」

もう何人、こんな旅立ちの知らせを聞き、「主人（女房）の分まで生きてください」と言われたことか。

SNSで多くのガン友とつながっているのですが、先に旅立ったガン友を、SNSの「友達」から削除できない自分がいます。一人一人、必死で生きていた足跡みたいなものを私は受け継いでいるんだと思うからです。

体験した者じゃないとわからない

生きるって、格好いいもんじゃないですね。

「死んだ方がいいと思った」——。東京オリンピック目前に、白血病が発覚した水泳の池江璃花子選手が語っていましたが、私も同じでした。

治療は、言葉では言い表せないほど厳しいものでした。抗ガン剤による激しい倦怠感で立ち上がることすらできない。吐き気や水のような下痢が、一瞬として私を自由にしてくれない。泣いて、のたうちまわって、女房に「助けて〜」「苦しい〜」と、泣き言を言う——。闘病生活は、毎日がそんな感じでした。これは体験した者じゃないとわからない世界でしょうね。

高熱、発疹、そして体に浮き出る紫斑…。日々変わりゆくわが肉体を目の当たりにすると、頑張ろうと思う気持ちすら萎(な)えてくるのです。

初めての入院3カ月ほどたったある日のこと。女房に連れられて歩く練習をしてみました。わずか50メートルの距離でしたが、これが、なかなかたどり着けない。

少し歩いただけで肩で息。それが落ち着くのを待ち、再び歩きはじめるのですが、この状態が何度も繰り返されるのです。

やっとの思いで椅子に座ることができたとき、自分はこのまま体力を奪われ、死への階段を下っていくのではないかという、それまでにはない不安でいっぱいに…。

泣きました。人目もはばからず、大声を出して泣き叫んでしまったのです。

「絶対に治してみせるから」――。

それまで、家族や友人たちには強気の発言をしていたのですが、このときの私は、全くの別人だったようです。

それでも、私たちガン患者は生きていかなきゃいけない。それが命をいただいた者の宿命だと頭では理解していても、志半ばで倒れるガン友たちばかりに目が向くと、その現実に押しつぶされそうになります。

でも、それをくぐり抜けなければ、明るく生きていけない。そのために私は、常に「遊び心」を持って日々を送るようにしていましたし、今もそうしています。毎日、ワクワクするようなことを見つけていくのです。それは、笑いであったり、喜びであったり。SNSに投稿することも、遊び心の一つなんだろうと思います。

そう思えるようになったのは、ナチスドイツの強制収容所から生還したヴィクトール・フランクルが著した『夜と霧』に、極限状態で生き抜く知恵のようなものが書かれているのを見つけたことでした。

「夜と霧」の笑い

歴史上、極限状態で生き延びた代表例が、ナチスドイツから迫害を受けたユダヤ人でしょう。どんな人間が強制収容所から生還できたのか？　私はそれまで、信念が強く、信仰心に富み、多くの人を愛し、あり余る体力と鋼（はがね）のような屈強な肉体を持ち、どんな苦境にも諦めることのない生命力に満ちあふれた人だろうと思っていました。

ところがフランクルは、そのような人が生き延びたとは書いていません。強制収容所でユダヤ人の行動を観察したフランクルによると、極限状態を生き抜いた人に備わっていたのは、ユーモアの感覚だというのです。つまりそれは、笑うことだった…。

実際フランクルは強制収容所の中で、友人と1日一つの笑い話を作っては、披露し合い、笑っていた。笑うことで、その日を振り返っていたのです。笑うことには、極限状態を生き抜く力が備わっているとも書いていました。

また、美しい景色を見て、美しいと感動する心がある人も生き残っている、とも述べています。それは、生きるか死ぬかの極限状態になっても、美しいと感動する心を持つことなのでしょうか。

わかるような気がします。

私が無菌室で死にそうな苦しみを味わっているとき、窓から見える青空の青に感動したことがあるのです。なんて清々しい青なんだ、と。それは、造血細胞が生着してきたと告げられた日。急に気持ちが晴々としてきた途端、青空の青が心に染み、自分の頑張りを自分で褒めていたら、涙が止めどなく流れだしました。

心までもが吸い込まれるような感動のようなものがこみ上げてきて、元気にならなきゃと自然に思えてきました。そのとき、笑いにしても感動する心にしても、生き抜くための大きな力を有していると実感できたのです。

無菌室の窓から見ていた青空。この日、造血細胞が生着し、気持ちが急に晴々となった。青空が心に染み、自分の頑張りを自分一人で褒めてあげていたら、涙が止めどなく流れてしまった

フランクルの話を知って以来、私は笑い話を集め始めました。病室の中で起こる小さな笑い、ほほえましい笑い、そんなものを集めたり、自ら道化に徹したり…。

それが、多発性骨髄腫という病と同居して生きていくための方策だと信じました。笑うことには、信念や信仰、愛すること、屈強な体力、諦めない意志の力などを超える大きな力が宿っているのだ、と。皆さんにご披露した創作落語「病室日記」は、それらの集大成なんです。

「これ以上暴れんといてね」

「真剣にガンと闘うぞ！」なんて身構えると、気苦労ばかりが増えてしまうでしょう。だって、ガンとまともに闘って勝てるわけないんです。ガンをつくったのは私自身であり、ガンと闘うことは、自分自身と勝負することになるからですね。

だから、闘うより、ガンにそっと耳打ちすることにしたんです。「これ以上暴れんといてね」って、優しく。それは、ちょっとガンが油断している間に、こちらの体勢を整える作戦です。日々楽しく生活していたら、ガンを弱らせることができるなんて、医学的には何の根拠もありませんが、自分なりに笑いをしっかり取り入れた毎日を送ろうと。そこから日々、ガンとのだましあいです（笑）。

極論ですが、副作用も楽しむしかない。地獄絵図で見るような、こんな責め苦を現世で経験できるのは、まあ世の中でほとんどいないだろうって。

支えと力

入院中、多くの方からご支援、激励をいただきました。

本当にありがとうございます。僕の大きな支えとなり、力となりました。

明日の命がどうなるかわからずに、悶々とした日々を過ごしている私に具体的な目標（生きる目標）を決め、それに向かって自分の心を整理していこうと提案してくださったのは、〝弁当の日〟の提唱者である竹下和男先生。小児歯科医の岡崎好秀先生からは、1年後、神戸で開かれる「公衆衛生歯科研究会（通称・ネコの会）」という全国的な研修会で、竹下校長と一緒に登壇することを目標にしましょうと言っていただきました。

末期ガン患者を、モンブラン登頂に成功させた経験のある産婦人科医の昇幹夫先生は、NK細胞（ナチュラルキラー細胞の略称。昇先生いわく、大阪人は、なんば花月細胞と思っているとか）を、増殖させることで免疫力を高めようと、笑顔で治療に臨むことをアドバイスしてくださいました。

2018年3月、神戸で開催された公衆衛生歯科研究会（ネコの会）。これまでのあゆみについて話をした

「家栽の人」や「玄米先生の弁当箱」で知られる漫画家の魚戸おさむ先生は、私の愚痴の聞き役に回っていただき、いろんな悩みや苦しみのはけ口になってくださいました。

「校長として語ってきたことが、このまま病気とともに埋没するのは忍びない」と考えてくださったのが、九州大学の佐藤剛史先生。ともに働く教職員などに私の考え方を知ってもらうため（口で言うより読んでもらう方が早い）、校長挨拶や学校で起きたエピソードなどをまとめ、自費出版していた私家版「方円の器」（Ⅰ～Ⅴ）を編み直し、仲間たちに呼びかけて、『方円の器～奇跡の中学校長が語る教育と学力』（書肆侃侃房）を刊行してくださいました。出版された本を想像するだけで、ワクワクしました。

そして、大成館中学校の職員、生徒たちの存在は私を支える大きな柱でした。私の誇りであり、いつも心の中にドッカリ収まっているのです。

そんな中にあっても、家族の支えは格別のものでした。私に家族がいなければ、この病に向き合うことはできなかった。また、ガンのおかげで家族の絆が深まったと言ってもいいでしょう。

妻は毎日、片道50キロの距離を通ってきてくれました。落語にも入れましたが、病室に来る

佐藤剛史さんが編集してくれた「方円の器～奇跡の中学校長が語る教育と学力」

と、着替えを入れ替えたり、冷蔵庫の中の飲料などの補充をしたりはしてくれるのですが、病室でまめまめしく私のために動くかというと、実はそうではなかったのです。

たいていソファで横になり、気がつけば静かに寝ています。いつのまにか、静かな病室でかすかに漏れる妻の寝息を聞きながら読書するのが、私にとって至福の時間に感じられるようになってきたのです。

しばらくして目がさめると、妻は屈託なく「また寝てた～」と、笑顔で言います。

それで十分なのです。

私たち夫婦は、年老いた両親と同居しています。母は最近、認知症も進行しており、妻には両親の生活の世話と私の世話との二重の負担の上に、遠ざかりつつある記憶と向き合う母の介護も課せられています。

そんな妻にとって、病院に通うだけでも実は大変なこと。それでも、いつも明るく笑顔で接し

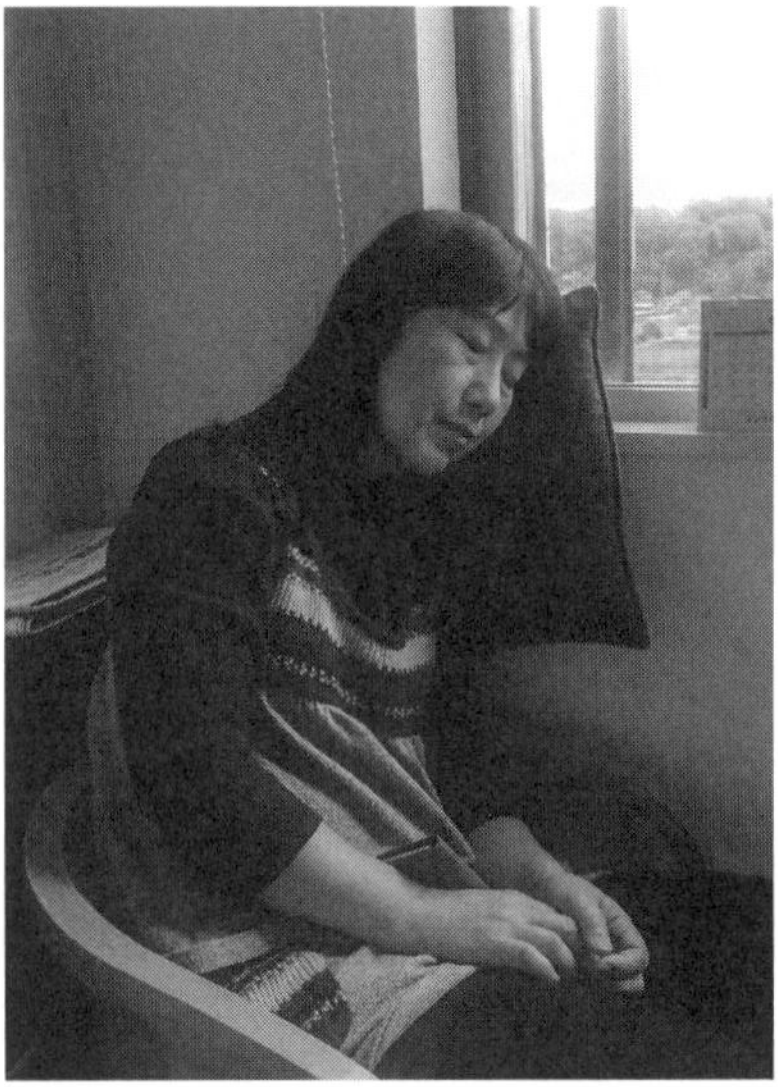

病室でお昼寝する女房殿。彼女にとっても、唯一休息が取れる時間帯だった

てくれるだけで、とてもありがたいと感じるようになりました。

看護を受ける立場になってわかったこと。それは、「私は患者のために、かいがいしく面倒をみています」とアピールするように看護されるよりも、何もしなくても、そばに寄り添うことで心が休まることがあるということです。私にとっての入院生活は、そんな家族の在り方、【愛とはＢｅ∨Ｄｏ】を見つめる日々でもありました。つまり、愛とは何かをしてくれる（Ｄｏ）ことではなく、そこに居てくれる（Ｂｅ）だけで心が温まることなんだと。だから、Ｂｅ∨Ｄｏなのです。

一番厳しい激励の言葉

次に載せた2枚の写真は、当時、撮影した私たち夫婦の写真です。撮ってくれたのは、友人で、長谷川写真館の主、長谷川克己さん。

入院は自家移植を伴うため、無菌室に入り、家族との面会もままならないと聞いていました。それを聞いた長谷川さんが、「無菌室に入ると、夫婦で会えることも制限されるだろうから、せめて病室に飾る写真を」と、わが家の家族写真を撮ろうと突然提案してくれたのです。

場所は、地元神辺町の備後国分寺跡で。娘たちがいなかったので夫婦だけの写真になりましたが、朝早く長谷川さんがやって来て写真を撮ってくれました。

「手をつないで楽しそうに歩いて！」。な～んてリクエストされたのですが、どうやって歩いていいのか分からない。困っていたら、「歌を歌いましょう」と言われ、「〽カ〜ラ〜ス〜、なぜ鳴くの〜」とやけくそで歌っていたら、こんな素敵な写真に。さすが、プロですね。ぜひ、皆さんも恥ずかしがらずにどうぞ（笑）。いい記念になりますよ。

長谷川さんと私は結婚の時期も同じで、家族ぐるみでお付き合いをさせてもらっていました。これまた病室落語の中に入れ込みましたが、残念ながら彼の奥さんは乳ガンで、その5年前に帰らぬ人となっていました。

「先生の治療は、将来が保証されている。だったら、泣こうがわめこうが、耐える義務がある。家族のために、耐えなきゃいけないんだ！」

今回の私の治療に関して、彼から言われた激励の言葉が一番厳しいもの。悩みに悩んだガン患者の家族だから言える言葉には重みがありました。

さらに長谷川さんは私は勇気づけるため、孫と一緒の写真も撮影してくれました。それは、8

備後国分寺前の広場で。「無菌室に入ると、夫婦で会えることも制限されるだろうから、せめて写真だけでも」と、朝早く長谷川さんがやって来て、楽しそうな夫婦の写真を撮ってくれた

カ月もの間、病室に閉じこめられていた私に、生きていくことの輝きを与えてくれた一瞬でした。

家族の在り方を見つめ、手をつなぎ歩いていると、自然と歌を口ずさんでいました。

この時、気づいたんです。

優しい言葉より、君の笑顔が僕にはうれしい！

人間の愛とは「ぬくもり」なんだと。

次に掲げるのは２０１９年11月、２度目の造血幹細胞移植を行う前日の日記です。


僕は明日11時から移植手術を迎えます。

今日までその準備に全力で取り組んできました。

明日の手術に向け、不安がないと言えばウソになります。

でも、僕は医療スタッフを信じています。

それ以上に、自分はこの病を乗り越えられるんだという自信を持っ

備後国分寺の参道で。「カ〜ラ〜ス〜」

ています。

それは、根拠のない自信ですね。

僕はそれで良いと思っています。

今日も笑顔で一日過ごせること。笑顔は根拠のない自信を生み出してくれるのです。

今日も笑顔で終えることができます。明日も静かに穏やかな顔で迎えるでしょう。


人生には、思いもかけないようなことが起こります。

そんなときこそ、笑いを見つけ、笑いをつくり、お互いに笑い合う。今、そんな小さなことを続けることが、命を輝かせ続けるヒントになるような気がしています。

「病室落語」ができるまでの楽屋話でございました。

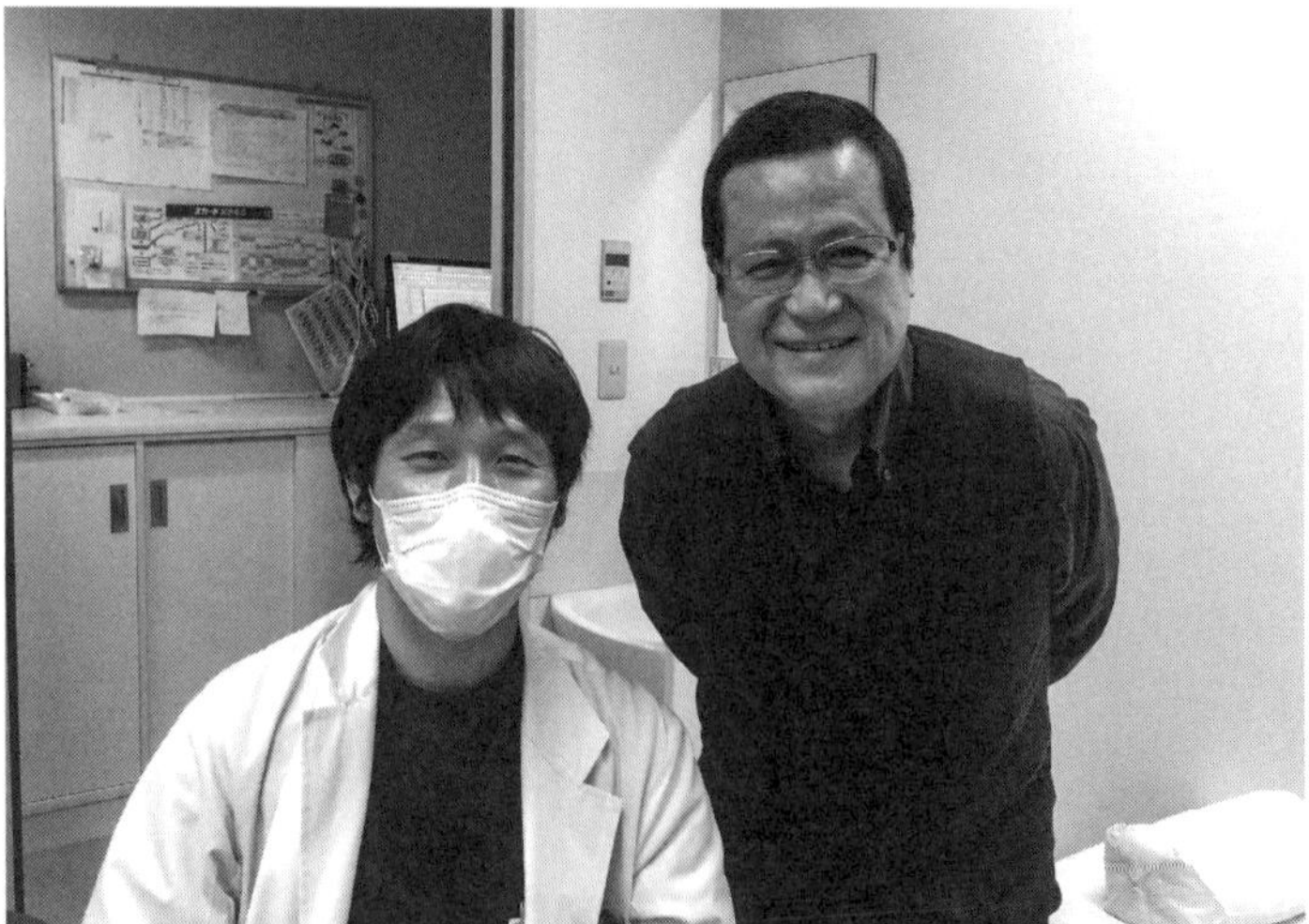

主治医の佐野先生と

第2章

「教師」という仕事

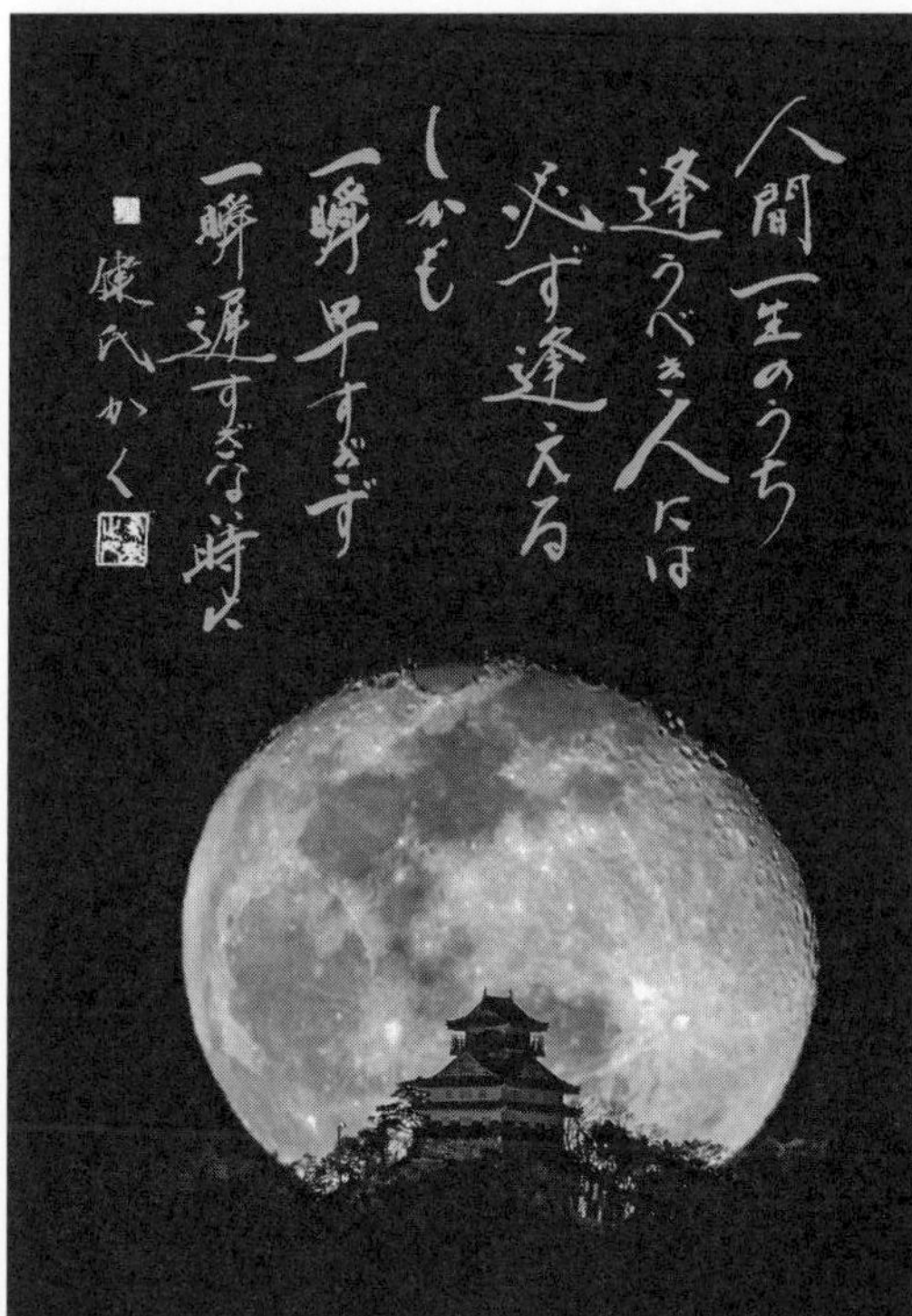

人間一生のうち
逢うべき人には
必ず逢える
しかも
一瞬早すぎず
一瞬遅すぎない時に

1　教師という職業との出会い

出会いによって私たちは導かれてきたと思います。

例えば私は、教師という生業との出会いにより、これまで禄を喰むことができました。しかし、最初から教師を目指していたかというと否なんです。

高校の進路選択では、担任をはじめ学年団の先生からも、教師に向いているからと教育学部の受験を強く指導されました。でもそれらを全て断って選んだのは経済学部。当時、会計士に魅力を感じていたからです。

理由は大したことではなくて、友人と将来の仕事の話をしていて、資格を取るのが難しいのは弁護士と公認会計士だろう。それなら自分は法律よりお金の流れを見る方に興味があったので、会計士になりたいな、とおぼろげに思った程度のことだったのですが…。

そんなことを考えつつ、生物分野の研究にも興味を示したかと思うと、歴史学者もいいかな、と。要はまあ、全く腰が座っていなかったんですね。だから、勉強もいいかげんで浪人する羽目に。でも、その1年間は勉強も真剣にやり、同志社大商学部に入学できたわけです。

卒業後は地元広島に帰り、就職するのが希望でした。大学ではとりあえず教職課程は取っておいたのですが、その時点では教師になる意思はありませんでした。
そんな私が教育の道を目指すようになったのは、三つの出会いがあったからです。

「何か答えてあげるけぇ」

一つは、大学4年の時、教育実習でお世話になった中学校の教師集団や生徒たちとの出会い。たった2週間の短い期間ではありましたが、私の進路は大きく動きました。

担当したのは3年の社会科。国会や内閣が授業の内容でしたが、授業の効果的な方法なんて、大学で十分に教えてもらっていないので、もう出たとこ勝負です。

何とか生徒たちの目をこちらに向けさせようと、授業の前日には教材研究で深夜3時くらいまで頑張って面白そうな話題を集めてみたのですが、必死で説明すればするほど教室が白けるのがわかりました。私の興味と、生徒たちの興味は確実に違うようなのです。私の質問も分かりにくかったのでしょう。何を答えてい

教育実習で板書する

いのか、生徒たちを戸惑わせてしまうようなところも確かにありました。

ところが、そんななかでも何とかして私の問いかけに答えようと、生徒たちは頭を絞ってくれたのです。休憩時間に生徒たちと話すと、「先生の質問は何を聞いているのかわからんのじゃ。でも何か答えてあげるけぇ、僕に当てていいよ」と、励ましてくれる生徒も。もうどっちが先生だかわかりません。

ただ一つ言えるのは、それは、お互いの気持ちを探りながらの授業だったということ。不慣れだけど、私の必死さが伝わったのか、彼らも彼らなりに必死で考えるから、彼らの頭から汗が流れてくるのがわかりました。

かわいいでしょ。授業しながら、全員をぎゅっと抱きしめてやりたいくらい、私は感動していました。

実習の最終日は、私の授業を見てもらう研究授業。教室の後ろには担当教師だけでなく、10人以上もの先輩教師や実習生がズラリ。こりゃ、誰でも緊張しますよね。

ところが、授業が始まると、私なりに思うような授業を展開することができたんです。

「生徒がよく活動できていて、良い授業だったよ」

担当教師から、そう評価されたときは涙が流れ、高揚しました。

でも冷静に考えると、私一人の力でできた授業ではなく、生徒たちの力でそうなったんだ、と思いました。なぜなら、生徒たちが何としても、ギャラリーたちの前で恥をかかせまいと、私の授業を成り立たせるために全員で協力してくれたことがわかったからです。

この中学校では、職員集団のまとまりにも脱帽しました。学校には、校務分掌という教師の役割分担があります。それが実に明確だから、皆さん、指示がなくても、自分の役割を黙々とこなされているのです。

職員のあいさつ、朝礼から教室の掲示方法、授業の進め方…。社会経験の浅い私にも、若い教職員が生き生きと活動しているのが見て取れたし、校長先生を中心に、職員が組織的に動く姿に、これまた感動しました。

自分が目指す職業像が明確になったこの２週間。自分の進路を決定づける大きな出会いがあり、この学校の雰囲気、環境はその後、私が教師を続ける上での礎にもなりました。

二十四の瞳

二つ目は、木下恵介監督の映画「二十四の瞳」（１９５４年）です。初めて見たのは中学生のとき。必ずしも教師を目指して見ていたのではないのですがこの映画が好きになり、大学生になるまで鑑賞できる機会があれば何度も見て、教師という職業の魅力は感じていました。

１９２８（昭和３）年、小豆島の岬の分教場に新任教師として着任し、小学校１年生12人の子どもたちの受け持ちとなった大石先生――。実際、自分自身が教育実習を体験したことで、映画の中の大石先生と、自分の将来の生業としての教師像が初めて結びつきました。

その秋、教員採用試験を受験。面接試験で希望赴任地を聞かれた際、「誰も行かないような僻地の学校をお願いします」と答えました。

理由はもちろん「二十四の瞳」。面接官には、「大石先生のような教育がしたいからです」と答えました。

余談ですが、面接試験では、落語の「寿限無」もやりました。

履歴書の趣味・特技の欄に「落語」と大きく書いていたのを見た面接官から、「何かできるか？」と尋ねられたので、「寿限無寿限無五劫のすりきれ海砂利水魚の水行末雲来末風来末食う寝るところに住むところ…」と、「寿限無」の長い名前の部分だけ大きな声で答えたのです。面接官は「その噺は、何が面白いんだ？」。「しめた！」と思った私は、その場で続きを演じてしまった、というわけ。

こちらは気分よく話して、面接官も楽しそうに聞いてくれたのはよかったのですが、面接の持ち時間をオーバーして終了。「あ〜あ、失敗した〜」と失意のうちに自宅に戻ったのですが、結果は合格でした。

今となっては、面接官に私の何が良かったのか聞いてみたかった…（笑）。

祖父との会話

三つ目は祖父の影響です。

祖父は戦前、高等小学校（現在でいう中学校）の教師をしていました。祖父は私がものごころつく頃から、教師時代の思い出話をよくしてくれました。戦後、教師を辞めたのは、やはり教え子を戦争に駆り立てた責任を感じたからと、私に語ったこともありました。私が大学生になると、帰省した折、一緒に酒を飲むことを楽しみにしていました。杯を交わしながら、祖父の昔話に耳を傾けるわけです。

空襲や原爆など戦争体験の話、戦後の動乱期の話、原爆の廃墟に設立された市民球団カープの話、親戚のこと、家族を支えるために働いてきたこと…。祖父の話題は多岐にわたりましたが、やはり大きな柱は教育論でした。

もっとも祖父といえば、厳しかった思い出しかないので、生徒にもさぞかし厳しく指導していたのだろうと思っていたら、どうもそうではなかったようで、相手に寄り添うことの大切さを物語にして、何度も私に語ってくれました。

祖父が言う寄り添いの第一人者は、幕末の長州の吉田松陰先生と薩摩の西郷隆盛先生。この2人に共通することとは、身分に関係なく能力を伸ばし、真面目に取り組む

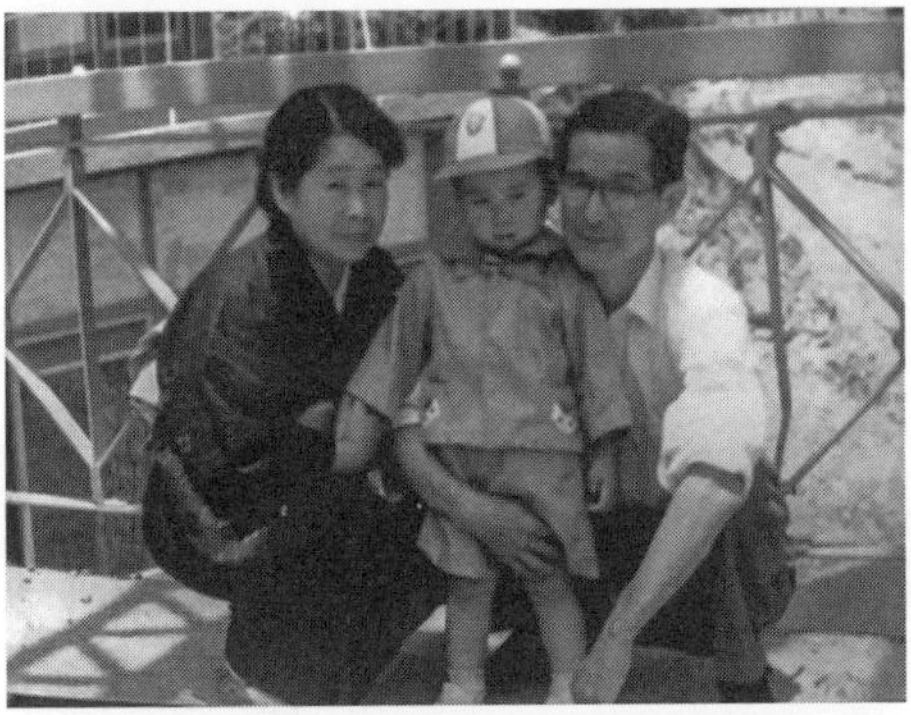

教師をしていた祖父。祖母と一緒に旅行した時のもの。真ん中が私

若者を藩に推薦していったことだ、と。

例えば、この生徒はできないと決めつけることはよくない。できないことには、できない理由があり、それを見つけるのが教師の役割なんだと。生徒は平等に扱えと、何度も語っていました。

また、教師は水車だとも。水車は水から離れても、逆に水の中に入りすぎてもうまく回らない。教師は水車と同じく中庸（ちゅうよう）であることが、寄り添う上で大切なことなんだ、というわけです。

特に熱かったのは、不登校の生徒への取り組みです。話を聞いたときには戦前の日本で、こんな教育をしていた人がいたのかと驚きました。

通夜に訪ねてきた元生徒

それから何年かした後、そのときの驚きを、証明する出来事がありました。

祖父の通夜の晩に、70歳過ぎのご老人がわが家を訪ねて来て、「友道先生のそばに、今夜だけでも居させてください」と申し出られたのです。

聞くと、遠方からわざわざお越しになったとのこと。祖父の棺を安置した部屋の片隅に座布団を勧めると、老紳士は今でこそ、海外との取引きも行うような会社の社長になっているが、高等小学校時代は不登校となり、学校に行けなかったと言われます。

でも、祖父がいつも自分に寄り添ってくれたおかげで、心のバランスも回復し、教室に戻ることができた。「先生の教育がなかったら、今の自分はありません」。祖父の棺の横で、涙ながらに私たちに語ってくださったことを昨日のことのように覚えています。

それから葬儀が終わるまで、老紳士は私たちと寝食をともにされ、祖父の骨拾いまで一緒でした。

もう40年も前のことですが、「先生との出会いが大きかった」と、何度も語ってくださったことだけはよく覚えています。

今振り返れば、自分の将来の職業を考える上で、祖父との会話は少なからずというか、大いに影響があったと思います。

よき出会いを

出会いで始まり、出会いで深まる人生。こうした出会いがなければ、私は教職に就いていなかったかもしれないし、いまのような教師生活を送ったかどうか、わかりません。

だから願うのです。生徒に、同僚に、家族に、私のようなよき出会いを、と。


人間は一生のうち、逢うべき人には必ず逢える。

しかも一瞬早すぎず、一瞬遅すぎない時に――。（森信三）

2 「だいじょうぶだぁ」――初めての不登校生徒

一休宗純、良寛、仙厓義梵は、私がこよなく憧れる3人の禅僧です。子ども好きで、誰にも優しく接する良寛さん。金銭欲のない方のように思われ、多くの歌も残しています。

仙厓和尚は絵画の達人で、福岡を中心に活躍した僧侶。そして一休宗純は「一休さん」として、国民の誰もが知っている名僧ですよね。とんちで有名な漫画の影響が強いでしょうが、この3人に共通しているのは、卓越したユーモア感覚です。

さて、京都・大徳寺の第47代住職となり、死ぬまで修行の日々を過ごしていた一休さん。臨終に際し、不安がる弟子たちに漆塗りの立派な木箱を差し出し、こう言い残して遷化されたそうです。

「この箱の中には、この寺がどうしても立ち行かない危機に陥ったとき、必ずあなたたちを助けてくれる魔法の宝物が入っている。ただし、どうしようもない危機に陥ったときでないと開けることは禁じる」

一休さん亡き後も、弟子たちは修行に励むのですが、20年ほどたった頃、お寺の存続にかかわる事態が発生。弟子たちは、その木箱を開けることにしました。

何が入っているのか。弟子たちはもちろん、周囲の人も興味津々です。

弟子の代表が木箱をそっと開けると、そこにあったのは一枚の紙切れ。

「大丈夫　心配するな　何とかなる」

弟子たちは拍子抜けし、お互いに顔を見合わせました。


この逸話の教えは何か。

上に立つ人間は、具体的な解決策を提示できなければ、リーダーとしての資質がない…。そう自問している方は多いでしょう。でも一休さんのように、解決策を当事者に返し、考えさせることも立派なアドバイスのように私には思えるのです。

先のことを心配したところで、なるようにしかならない。地団駄踏んでも諦めず、逃げなかったら、何とかなることもある、と。

人に頼ることもあるだろう。でも、全てやってくれるわけではないし、本人が答えを出し動かなければ解決は難しい…。

そう考えるのは、かつてこんな出来事を経験したからです。

初任の中学校で

初任で、福山市の山間（あい）の中学校に赴任したときのこと。そこで初めて、不登校の生徒K君と出会いました。

K君は転校生。最初は友達ともうまくいっていたのですが、途中から原因不明の欠席が続きました。

まだ不登校という言葉もなく、「登校拒否」と呼ばれていた時代。いじめとか、集団のトラブルなどは考えられなかったのですが、友達が家まで出かけて学校に行こうとか、遊ぼうと彼を誘っても、部屋から出てこなくなりました。当然、私も家庭に出向いて気持ちを聞いてみたのですが、何も語らないことが多くなり、欠席する日々が、ただ無意味に過ぎていきました。

それでも、なんとか彼の楽しみや趣味を聞き出し、自宅から外に連れ出そうといろんな働きかけをする中で、一緒に釣りに行くことに。友達も一人、同行してくれることになりました。

とはいえ、私は釣り道具さえ持っていませんでした。でも彼らは日頃から釣りに熱中しているようで、びっくりするくらいの釣り道具を所持。案ずるなかれ、私の分まで用意してくれていました。

小雪が舞い散る寒い朝。釣り場に着くと、頬を打つような冷たい風に、心はへちょギレそうになりました。

しばらく釣り糸を垂れても釣果はゼロ。なんで釣りになんかに来たんだろう…。私の頭には、後悔ばかりがよぎりますが、そのまま手ぶらで帰るわけにはいきません。

ビュービュー吹く風の向こうに見えるのは、頭から深く被ったフードから出た彼の鼻先。私はそっと聞きました。

「いっつも一人で何を考えとるんな？」

「………」

「なんか、面白ぇことはないんか？」

「先生、長渕剛って知っとる？」

「ああ、ちょっとくらいはな」

「長渕剛を聴いとったら、なんか心をくすぐられるいうか、熱うなれるんじゃ」

「そうか、長渕の歌を聴いて、気持ちがようなるんじゃな」

たわいもない会話でしょ。でも、そこから、心に張り詰めていた氷が少しずつ溶け出すように、彼は自分のことをしゃべり始めたんです。

　気がつけば、私は頬さす冷たい風など、全く気にならなくなっていました。もう釣竿の浮きに目はいきません。彼と関わるようになって以来の思いを込め、言おうか言うまいか、迷っていた言葉を彼にぶつけました。

「みんな待っとるで」

「………。いまさらだけど、どんな顔して行っていいかわからんのじゃ」

「大丈夫！　心配するな、何とかなる。とにかく、学校に来いや」

はっきり言って、確信はありませんでした。でも、なぜか私の口から、そんな言葉が出たのです。

「うーむ」。確かに彼はそう歯を噛むようにつぶやいたのですが、どこか暗い表情。私は「無理にあんなことを言わなきゃ良かった」と、少し反省しました。

その後3人で弁当を楽しく食べ、そのまま釣りを続けたのですが、依然釣果はゼロ。少し暖かくなって、釣りをあきらめた私がウトウトしかけた頃、「先生の竿が揺れとるで。釣れとるんじゃない！」と、K君がボソボソと言うではないですか。

私が急いでリールを巻き始めると、素人でもわかる確かな手応え。すぐに引きが強くなり、糸が左右に大きく揺れはじめました。

「先生、大物じゃ！」。K君たちが大喜びでタモを準備し、その魚を取り上げると、なんと30センチオーバーの鯛。こんな大物は、私にとって初めての経験でした。

私はK君の顔を見て言いました。

「大丈夫、何とかなったじゃろーが」

翌日、彼は学校に戻ってきました。そして翌年には生徒会活動を頑張り、本部役員として学校を引っ張る存在にまでなったのです。

なぜ、彼が学校に来れなかったのか。後日、彼に直接尋ねてみたのですが、「自分自身でもわからない」と。ただ、欠席する中で何かが変わり、彼を成長させたことは確かなことのようでした。

ドアを開けたということは

宗教学者の釈徹宗さんは、誰でも、お寺への相談に答えられる三つの密なる言葉があるといいます。

「そうだね」

「良かったね」

「困ったね」

この三つさえあれば、あなたも今日から優秀なお坊さんになれること間違いなし、なのだそうです。

笑い話のようですが、よくよく考えてみると、この応対には深い意味があることに気付くのです。

「面談者が面接会場に来た時点で悩みの半分は解決している」

これは、「来談者面談法」というカウンセリング理論を構築した米国の臨床心理学者カール・ロジャーズの言葉です。

相談者がカウンセリングを受けるために相談室のドアを開けたということは、その時点ですでに相談内容が整理されており、解決法もまた、自分自身でうすうす気付いているということ。だからカウンセラーは、相談者からできるだけ多くの情報を引き出し、解決法を自ら語らせることが、残り半分の仕事だと言っています。

だとするなら、檀家の相談に、お寺がこの三つの言葉で応対することは、相手から少しでも多くの情報を引き出すための共感の「相槌（あいづち）」と捉えることができるでしょう。

その会話によって、檀家さん自身が自分の課題を整理し、どうすればいいのか気付いてお帰りになられたとするなら、それは立派にカウンセリングの役割を果たしたと言えるのではないでしょうか。

魔法の言葉

一休さんの話に戻れば、弟子たちはもうこれ以上は駄目だと半ばあきらめの心境にありながら、その実は心の深いところで解決策を感じていたのだと思います。誰あろう、あの一休さんの弟子たちなのですから、そこまで考えに考えていたに違いありません。その弟子たちの背中をそっと押してやったのが、「大丈夫　心配するな　何とかなる」という言葉だったのではないか。私はそう解釈するのです。

令和の時代になっても、大徳寺といえば現在の京都を代表する古刹(こさつ)の一つとして、燦然(さんぜん)と光を放っています。それだけでも弟子たちの、その後の奮闘がうかがい知れるのではないでしょうか。

日本を代表するコメディアン志村けんさんのギャグ「だいじょうぶだぁ」。実は、これにも、一休さんの逸話に通じるところがあると私は思うんです。

人間、「大丈夫だ」と大きな声で何回も言い続けると、不思議とそんな気持ちになります。学校ならば、生徒を指導する際、「○○すれば大丈夫」と、○○の中に具体的な言葉を入れていけば、なおよし。この「魔法の言葉」は不登校生徒たちに限らず、その後出会った迷える生徒たちに私は繰り返し使いました。

「毎日、漢字帳を２ページすれば、大丈夫だ」

「毎日、計算ドリルを５ページすれば、大丈夫だ」

具体的なことを示し、「君ならできる。大丈夫」と励ます。人間は自分がやるべきことが明確になり、それを達成できたときに自尊感情が高まり、また一歩成長する。私はそう信じています。


「大丈夫　心配するな　何とかなる」

3　子どもに寄り添う「評価」

「医師が患者の生命を左右するカギをもっているように、教師は生徒の将来を左右するカギをもっている」

かつて先輩から、教師の心構えを、こんな言葉で教えていただきました。

教師はさまざまな指導法で、児童生徒の能力を伸ばします。

その一つが「評価」です。

広辞苑によると、語釈は①品物の価値を定めること。また評定した価格②善悪・美醜・優劣などの価値を判じ定めること。特に高く、価値を定めること——。教育では②の意味になります。

学校での評価といえば、通知表を思い浮かべますが、それだけじゃないですよね。

わかりやすく言うと、児童生徒の活動に対し、「よくできたね」「そうだね」「素晴らしい」などといった肯定的な言葉がけや、「もう少し考えてみよう」「〇〇を取り入れて作ってみよう」のように、修正や改善のアドバイスをすることがそれに当たります。

皆さんも、今まで受けた授業や指導を振り返ると、「ああ、あれね」と、すぐにそんな場面が思い浮かべられるでしょう。

「わー、怖いよー」

私が新米教員の頃の、忘れられない思い出です。

2月の初め、校長先生とくつろいで校庭の片隅で話をしていたときのこと。近所の保育園児たちが自作の鬼のお面を被り、「わー！」と声をあげて、我々の元にやってきました。なんともほほ笑ましい光景に、校長先生は「上手だねー！　君たちが作ったのかい？」とニコニコ顔。私は「わー、怖いよー」と、ふざけて逃げ回りました。

自分たちが作ったお面の効果に気をよくした園児たち。さっと、風のように走り去って行きました。

すると、校長先生が「友道君に負けた～」。

「？」

怪訝（けげん）な表情を浮かべた私に、校長先生はこう語られました。

「あのお面に対し、ワシは単によくできたと一般的な評価しかできなかった。でも君は、園児の立場に基づいて評価したんだ。園児たちが、「わー」と声を出して来たのは、節分で使用する鬼の面で、ワシたちを脅（おど）かそうとしたからだ。だから、よくできたという評価より、実際に驚いてくれる方がずっと満足できるんだ。そこに君は気づき、驚いてみせた。子どもが何を求めているかに寄り添える姿勢が子どもの能力を伸ばすんじゃ。今後、教師を続けていく上で、忘れないでほしい」

今から30年以上も前の思い出ですが、忘れたことはありません。私はこの間ずっと、この言葉を胸に子どもの心に寄り添う評価、子どもの心の中を見つめる評価ができる教師でありたいと研鑽を積んできたからです。

生き方が教育に出る

こんな話をすると、教師や親の中には、「児童生徒の頑張りを上手に褒めればいいんでしょう」と、安易に考える人がいます。

違うんです。何でも褒めればいいかといえばＮＯ。場合によっては厳しく叱ることだって大切な評価なのです。

子どもの心は毎日違います。子どもたちの一つの発言、行動には意味がある。その意味がわかれば、褒め方も違いますし、叱り方も違ってきます。

指導していると、この点は曲げるわけにはいけないという場面にしばしば遭遇します。そこでは迷わず厳しい言葉をかけます。

「安易な優しさは堕落を生む」。これは私が校長になり、教職員によく語っていた言葉です。

「今の指導で、この子の10年後の姿をどのように見ているか、教えてくれないか？」

「口当たりの良い言葉ばかり生徒たちに語っていて、本当に苦しい場面がきたときに耐えることとができるだろうか。この子が伸びることができるんだろうか」

　私も校長室で、教職員、生徒、保護者を何度、真剣に問い詰めたことでしょう。

「その指導に愛はあるのか？」

「その指導は10年後、その子が自立し、社会に貢献できる人物として成長するための一助になるのか——」

「寄り添う」ということは、視座をそこに置き、常に自問自答しながら初めてできることなのです。

　生き方が教育に出るのです。

4　体験から学ぶ教育

教師としての歩みを振り返ると、私の20代は、「体験から学ぶ教育」まっしぐらの時代でした。それは経験主義教育の大家、ジョン・デューイの教育論の影響でもありました。

私が社会科教師として取り組んだのは、体験的考古学の領域。土器の製作では粘土や焼き方について生徒と実験を重ね、実際に縄文土器や弥生土器を焼き上げました。

野焼きで製作しましたが、水が漏れない土器ができるのは10個に1個。自分たちの未熟さを感じたことが多かった。

しかし、縄の文様を付けることがひび割れ防止になることなど、教科書に書いてある以上の発見がありました。そのときの生徒たちの目の輝きは、今でも忘れられません。

古代建築のミニチュア作りにも挑戦しました。高床倉庫と縦穴住居の10分の1スケールの復元模型。高床倉庫は静岡市の登呂遺跡、縦穴住居は千葉市の加曽利貝塚から設計図を入手し、復元したのです。

稲を収める高床倉庫には、ネズミ返しが設置されています。ネズミが手に入らず（！）、実験はできなかったのですが、しばらくそのままにしていても、中に置いた米などが荒らされた形跡はありませんでした。

縦穴住居では、実際にその中で１泊し、住み心地などについて体感しました。秋でしたが思ったよりも暖かく、炭火を消さなければ、小さな火でも十分暖が取れることがわかりました。

ただ、このようなプロジェクトには学校教育としての範疇（はんちゅう）を超えた時間が必要となり、決して勧められるものではありません。実際、建物ができたことより、生徒からは作業のしんどさばかりを訴える意見、感想が返ってきたこともあります。

デューイの唱える「経験と教育」のように、何を経験させたかではなく、その経験によって生徒がどのように変化し、高まったか。こうした取り組みにはそんな視点が必須なのですが、若い私にはそこが不足しており、大いに反省した点でもありました。

でも、古代建築に挑戦したことで、茅（かや）で屋根を葺（ふ）く技術をマスター。手前みそですが、私の年代で茅葺きができる人間というのは、今では希少だと思いま

登呂遺跡から設計図を取り寄せて復元した高床倉庫のミニチュア

加曽利貝塚の縦穴住居も復元した

す。

最初の赴任地では、校長の命で卒業証書を和紙で漉くプロジェクトを立ち上げたこともあります。そこはかつて和紙の産地だったのですが伝統はすでに廃れており、和紙を漉ける人はいなくなっていました。そこで倉敷市の紙漉き職人を訪ねて作り方を教えてもらい、野山に自生する雁皮やミツマタから和紙を漉く技術をマスターしました。

非常に繊細で難しい技術でした。今、思い返すと、あの頃は教師だったのか、紙漉き職人見習いだったのか、自分でもよくわからない生活だったような…（笑）。

総合的な学習の時間が導入されようとした頃で、何を提案しても「よし、やれ」と、許されていたような時代。今ではなかなかできないことですが、私の若い頃は教師の裁量に任されることが多かった。経験を積ませ、その経験と教室を結んで学びを深めさせる…。それは生徒だけでなく、教師にとってもまた、自分なりの教育方法を体験しながら積めていた時代でもあったように思います。

５　忘れられない裁判

２０００年夏、私の勤務する神辺西中で、生徒による校内暴力や授業妨害が相次いだことがあります。そこで神辺町教育委員会は学校教育法第26条、40条に基づき、生徒の保護者に対し、生徒の態度が改まらねば、２学期から最長１カ月の出席停止を課すことを決め、それを予告しました。学校だけで完結できる制度ではないので、出席停止を発令することは極めて珍しく、当時、マスコミでも大きく取り扱われました。

３年生の学年主任として、生徒指導の最前線にいた私も同僚とスクラムを組み、予告だけで終わるよう、さまざまな取り組みを行ったのですが、結局、数名の生徒が出席停止となりました。

以下は、そんな取り組みの中での一人の中学生の話です。

その生徒は暴行や窃盗を繰り返し、学校生活も荒れすさんでいました。正直に言うと、担任の私も手を焼いており、心の中では「こいつはダメだな」と諦めかけていました。

それは、警察に逮捕され、鑑別所で１カ月の監察を終えた彼の、家庭裁判所での裁決が決する日のことでした。

裁判長の「作戦」

この日、私は裁判の傍聴に来ていました。と、裁判が始まる前、裁判長が「話がある」と言って私を別室に呼んだのです。

「先生は、この子をどうしたいんですか？」

「えっ？　もちろん更生させ、学校生活に戻らせたいです。でもこのままじゃ、無理なんじゃないかと思います」

「先生。この子が立ち直るためには、先生の力が必要です。その力を貸してもらえませんか？」

「でも、僕は自信がないんです。これまでいろいろ努力したんですが、この子には僕の思いが通じないんです。親にも信頼されていないし…」

「わかりました。じゃあ、僕と作戦を立てませんか？」

「作戦ですか？」

「そうです。先生、裁判に出廷してください。僕が先生に『この子を担任としてどうしたいのか？』って質問しますので、先生は『自分に任せてほしい』と言ってくれませんか？　必ず立ち直らせてみせるから、親にも協力してくれ、とお願いするんです」

こんなことを裁判が始まる前に話し合い、思いもよらぬ出廷をしたのです。私は傍聴席ではなく被告人の横に座り、裁判はスタート。

「この生徒を任せてほしい」

私が打ち合わせ通り裁判で言うと、母親がビックリしたような顔をして私を見ました。その生徒は下を向いたまま。でも、裁判官に「先生はあんなふうに言ってくれたけど、君はどう思う？」と質問されると、「もう一度頑張る」と誓ってくれました。

この裁判長のおかげで、母親はそれ以来、私と話をするようになり、私も３年生の１年間、担任を続けることができました。その間、家庭にも出向き、卒業後の進路について親子とゆっくり話し合う時間も持てました。

とはいえ、そこで一変というわけではなく、素直に私の指導に従うことは少ないし、学校生活は落ち着かない。その後もいろんなことがあり、私自身も苦労しました。

でも、以前のような反抗的態度は少なくなりました。卒業後の進路先を、見事試験で決めてみせてくれた時は、二人で肩を抱き合って喜び合いました。

生徒指導は学校の役割ですが、少年犯罪となると学校だけで指導しきれるものではありません。家庭と学校だけで完結するのではなく、警察、家庭裁判所、教育委員会、市役所、子ども家庭センター（児童相談所）などと積極的に手を取り合い、その子の将来をしっかり見据えて指導態勢をつくらないと難しいのです。

再び鑑別所に

さて、彼は結局、ヤンチャが止まらずに暴走族に入り、ありとあらゆる非行歴を繰り返した挙句(あげく)、再び鑑別所にお世話になることになりました。今度は卒業している生徒ですから、元担任の私が鑑別所に行っても、面会させてもらえるかどうかわからなかったのですが、とりあえず年休を取って彼に会いに行きました。

鑑別所では、私が遠方から来ているという理由で、「10分程度なら」と特別に面会を認めてくださいました。

私の目的は一つだけです。それは、鉄格子の扉の向こうにいる彼に、次の言葉を伝えるため。

「君のことを心から心配している男がここに一人いる。君は一人じゃない」

1週間後、彼から手紙が来ました。

> 先生、この前は来てくれてありがとうございました。「会いに行きたい」と言っていたのは知っていたけど、急に来てくれてびっくりしました。先生と久しぶりに会った場所が鑑別所で残念です。
>
> 最近すごく暑くなってきています。先生、なんかすごく暑そうです。先生はいつもスーツを着ていたから、この夏もスーツで過ごすのかなと思っていました。
>
> 最近、漢字練習をがんばっています。中学校の時、特別教室みたいな所ができて、漢字を勉

強したことを思い出します。審判では自分の言いたいことがハッキリ言えるようにがんばります。（以下略）

成人式のあとで

ときは過ぎ、２００６年1月、福山市と合併が決定した神辺町としては最後となる成人式の数日前。出席停止騒動の渦中にあった生徒たちから突然、自宅に電話がありました。

「式のあと、居酒屋でみんな呑むんじゃ。友道っつぁんも来んか」というお誘いでした。「どうなることやら」と思いつつ、当日、指定された居酒屋に行くと、何十人もの同級生たちが大宴会をしているではありませんか。

私の前に、あの裁判に立ち会った彼がやってきて座りました。と、いきなりタバコを取り出して、少しはにかみながらふかし始めたのです。

そして私の目を見つめると、「ワシが（タバコを）吸うても、もう注意してくれんのよのー」。

「ああ、20歳だからな。成人おめでとう」

私には彼の気持ちが手にとるようにわかる気がしました。彼は私が注意していた頃を、心から懐かしんでいたのです。

「どうして今まで私に連絡してくれんかったんか？」

「仕事の車で、先生をときどき見かけてた」

「その時、どうして声をかけてくれんかったんか？」

「もっとちゃんとせんと、先生の前には出ちゃいけんと思ったんよ。自分でちゃんと金もうけて、一人前になったとき、先生に会わにゃいけんと思ったんよ」

彼と話しながら、私はいつの間にか、涙が止まらなくなりました。

ほかのヤンチャをしていた生徒たちも挨拶に来ました。鳶(とび)、大工、左官、板前、寿司職人…。みな、自分の仕事が言えるのです。

ある生徒が言っていました。

「出席停止ということ聞いたとき、腹立った。何でじゃ！　と思うた。じゃけど、あれが無かったらワシら何しでかしたかわからん。みんな今、仕事しとるじゃろ。本気、このままじゃいけんと、頭から水浴びせられた気持ちになったんよ。今じゃけぇ言える。先生、ありがとう」

この言葉に、また泣けてきました。分かり合える日は必ず来る。真剣に関わりきれば。

そうそう。冒頭で私に提案してきた裁判長は、コミックの名作『家栽の人』(原作・毛利甚八、作画・魚戸おさむ）の主人公、桑田判事補のような感じではなく、もっと若い方でした。

第3章

若者たちへ

1 「自分の言葉で思いを語れ」——大先輩からの助言

引退されて久しい大先輩の教師で、福山市の教育長も務められた池口義人先生から、貴重なお話をうかがうことができました。一緒に働いたことはないですし、会話したことも数回しかありませんが、独特のオーラを発しておられ、福山の教育発展に尽力された方。もう80歳代になられましたが矍鑠(かくしゃく)としておられ、その話にとても魅了されました。

私は若い頃、温かい夫婦の愛情をテーマにした人情噺「芝浜」を使って道徳の公開授業をしたことがあります。池口先生にはこれを参観していただいて以来、ずっと私を見守ってくださっていました。そんな池口先生から、お話の最初に紹介されたのが、永六輔さんが作詞された「生きているということは」でした。

「生きているということは」

生きているということは　誰かに借りをつくること
生きていくということは　その借りを返してゆくこと

誰かに借りたら　誰かに返そう
誰かにそうして貰ったように
誰かにそうしてあげよう

生きていくということは　誰かと手をつなぐこと
つないだ手のぬくもりを　忘れないでいること
めぐり逢い　愛し合い　やがて別れの日
その時に　悔やまないように
今日を明日を生きよう

人は一人では　生きてゆけない
誰も一人では　歩いてゆけない

(JASRAC 出 2010241-001)

「誰かに借りたら誰かに返そう」。この詞ではそう語られていますが、それには社会への恩返しも含まれるでしょう。

池口先生は、最後にこんな言葉をかけてくださいました。

「人は一人では生きていけないからね。独断的ではなく、他の人と協力して学校を経営していきなさい。自分の言葉で校長としての思いを語っていきなさい。そうすると、教職員や地域の人に響くもんだよ。自分の言葉で語るためには、そこに心が入ってないと語れない。心あるところに人は集まるんだよ」

2　法則　――わずか0・01の違いで

高校生になった教え子から、こんなメールが来ました。


友道先生に会えて本当によかったです。送別式の後、握手してもらい、「大丈夫」って言われたとき、思わず泣きそうになりました。

先生に質問があります。周りに置いていかれているって思ったら、どうしても焦ってしまって思うように行動できず、人に合わせてしまう自分がいます。

あとでゆっくり考えたら分かることが多く、後悔が残るばかりで…。そんな自分を変えたいけど、どうやったら変えられるかが分かりません。


この生徒は、真面目で努力家なんですが、どこかで気が抜けて継続できないタイプ。誰しも同じような悩みを抱えて成長していくんですが、失敗する恐怖感から、一歩が踏み出せないんですね。

私はこう答えました。

皆から置いていかれるって一人で焦る。先生だって、そんな気持ちになることがあるんだから、案外、君のような悩みは皆持っているんじゃないか、と考えたらどうだろう？　もう少しゆっくり周りが見られるんじゃないか。

実は自分を変えるって、そんなに難しいことではないよ。それよりも本当に難しいのは、変えようとする努力を続けることの方なんだ。

大成館中学校の廊下に掲示していた「法則」を覚えているかな？

１に０・０１を足すと１・０１、引くと０・９９。わずかな違いだけれども、それを１年３６５日繰り返すとどうなるか。二つの数字を３６５乗すると、１・０１は最終的に37・８になり、０・９９では０・０３まで小さくなる。

こつこつ努力すれば大きな力になるし、少しずつでもサボれば、やがて力がなくなってしまう。変わった後の姿は大きくても、実際の差は小さなことの積み重ねなんだ。

無理して変えようとするから、続かずに変われない。わずかなことを毎日やり続けること。それが大事なんだよ。

× ×

「何かひとつをがむしゃらに続けていきます。なんだか心が楽になりました」

生徒からはこんな返事が返ってきました。

1.01の法則　$1.01^{365}=37.8$
こつこつ努力すれば、やがて大きな力となります。

0.99の法則　$0.99^{365}=0.03$
逆に、少しずつさぼれば、やがて力がなくなります。

「法則」の張り紙

3 「雑巾」になりたい

ノートルダム清心学園理事長の渡辺和子先生が書かれたベストセラー『置かれた場所で咲きなさい』（幻冬舎）の中に、河野進牧師による一編の詩が紹介されています。

こまった時に思い出され
用がすめば　すぐ忘れられる
ぞうきん
台所のすみに小さくなり
むくいを知らず
朝も夜もよろこんで仕える
ぞうきんになりたい

身をもって汚れを拭き取り、他者をきれいにする代わりに自らは汚れていく雑巾。ひたすら人々が美しい環境で生活できるよう、身を粉にして働く雑巾。もし雑巾がなかったら、教室はすぐ汚くなってしまうのに、感謝されることはない…。でも河野牧師は、そんな「ぞうきん」になりたいと言われているのです。

心を打たれたので、生徒らにこんな話をしました。

私たちは、何か良いことをしたら褒めてほしい、認めてほしいと思うものです。それが無くても構わず、社会の役に立ちたいと思える心は、とても崇高な心境と言えます。

おそらく、そのレベルに到達できる人は、失敗しても何とか這い上がってきた人、苦しいことを皆と協力して乗り越えてきた人、他人の過ちを「いいよ」と笑顔で許してきた人、他人の喜びを自分の喜びと感じることができる人――なのでしょう。

私たちは、当たり前のように生活していますが、それは普通ではないのです。必ず誰かが、陰で雑巾となって働いてくれている。そんな人に心から感謝することは、人間として大切なことだと思います。

大成館中の花はどこから

私が部活動等で生徒に教えたいこと。それは「感謝と奉仕」の心でした。

部活動をしている大成館中学校の生徒たちが、花植えボランティアで保護者と一緒に汗を流してくれたことがあります。生徒たちは一所懸命に働き、花植えが終わった後も溝掃除やグラウンドの整備などを率先して行ってくれたので、学校はみるみるうちに美しくなりました。

ところで、この花はどうしたのか？　実は中学校で購入したものではなく、地元で農業に従事されている小林繁樹さんからの個人的な寄付でした。

小林さんに聞くと今から15年前、大成館中学校のＰＴＡ役員をされていたとき、自分が学校に貢献できることは花植えくらいだろうと考えたんだそうです。そこで父親たちに呼びかけ、いわゆる「おやじの会」のような組織で花植えボランティアを始められた。以来、お子さんが卒業しても今日までずっと、苗も肥料も無償で提供し、花植えの指導までしていただいているのです。

こうした活動に対し、ＰＴＡ役員の方が小林さんに感謝状を贈ろうとしたことがありましたが、固辞されました。「私は人に褒められようとしてやっているのではありません。学校のために、自分ができることはこのくらいのことしかないからしてるんです。校長先生、お金とか感謝状とか考えておられるんだったら、今後、花の寄贈はもうしません」

私は驚き、そして感動しました。こんな方に、この学校は支えられていたんだ、と。

小林さんはさらに、「農業は土をいじる、とてもきつい仕事だと思います。こんな仕事をしている自分ができるこ

生徒たちの前で話す小林繁樹さん

とをして、生徒さんたちが喜んでくれて、勉強に励んでくれたら、ただうれしいだけなんです」。

自分を振り返って

小林さんと話しながら、かつて米国のケネディ大統領が就任演説で国民に語りかけた一節を思い出しました。

「あなたの国が、あなたのために何ができるかを問うのではなく、あなたがあなたの国のために何ができるのかを問うてほしい」

この言葉で「国」を、「家族」や「会社」「社会」など、自分が所属するもの、大切に考えているものに置き替えると、いろんな問いかけができます。

国を「学校」に替えたらどうだろう。私は、生徒たちにそう呼びかけたいと思う一方で、自分自身の生き方も振り返らされました。生徒への問いかけは、「そういうおまえはどうなんだ」という、私自身に向けた問いかけでもあるわけですから。

隣人のために、見返りを考えず、心を寄り添わせているだろうか？　動けているだろうか？　代償を求めるのではなく、率先して正しい行いをしようと思える心になろうとしているだろうか？

皆さんは、どうですか…。

実際、そうなれるかどうかは難しいことです。ただ、こんな視点で、ときには自分を振り返ってみる。それだけでも、自らの生き方を見つめ直すことはできるように思います。

4　油断の意味 ――2学期の始業にあたって

2学期の始業にあたり、生徒諸君に考えてほしいことを二つ言います。

まず一つ目。

一〇〇マイナス一イコール九九ですね。でも社会では、一〇〇マイナス一イコールゼロになることがあるんです。

夏の甲子園大会で、A高校が準優勝しました。東日本大震災の被災地域にあるこの学校の快挙は、多くの人々の希望となりました。ところが直後、野球部員3人による飲酒が発覚。停学処分になり、秋の国体も出場を辞退することに。高校野球を主催する高野連では、準優勝剥奪という議論までなされたそうです。

一つの失敗でゼロに

「これくらい、いいじゃないか」「見つかるはずがない」。3人は、そう高をくくっていたのでしょう。でも栄光を勝ち取るためにチームで流したたくさんの汗や涙は、この3人の飲酒によって台無しに。テレビのニュースでは、選手の顔がモザイクで消された準優勝報告会の映像が、何度も流れました。郷土の誇りとして、長く県民に語り継がれる快挙が、たったそれだけのことで全て崩れ去ったのです。

努力を積み重ねて大きな成果を出したとしても、たった一部の人のいいかげんな行動が、他の人の宝も奪ってしまう。たった一つの失敗で全てがゼロになる。一〇〇マイナス一イコールゼロ。社会とは、こういう側面もあるということを知っておいてください。

二つ目は、この夏、私が学んだことです。人生の教えを受けに、比叡山延暦寺根本中堂を訪ねました。

比叡山には、７８８（延暦７）年、開祖最澄が根本中堂の前身である一乗止観院を建立し、本尊の薬師瑠璃光如来の宝前に灯明をかかげて以来、１２００年以上もの間、一度も消えることなく大切に守られている灯火があります。「不滅の法灯」と呼ばれ、１５７１（元亀２）年、織田信長による比叡山焼き討ちなど、これまで何度となく危機に遭いながらも、現在まで絶やさずに守り通している、世界に誇る日本の宝です。

根本中堂で、高僧にその灯火を見せていただいていたら、ある疑問が湧いてきました。灯火を守るには、燃料の菜種油を切らすわけにはいかないし、芯が燃え尽きそうになったら新しいものに取り替えねばならないはずだが、いったいどうしたのだろう、と。

「誰かの仕事」が失敗の原因に

わからないときは素直に聞く。私は高僧に問いました。

「灯火はなぜ、守り続けられたのですか。灯火の係とか、組織の中で役割をしっかり決められているのですか」

高僧は静かに言われました。

「係とか役割を決めたら、何年かはうまくできるかもしれません。しかし、役割を決めた瞬間に誰かの仕事というように甘えの心が出て、他人ごとになってしまう。実はそこに失敗の原因が隠されています。

比叡山では、誰も役割は持っていません。気づいた人が油を足し、気づいた人が芯を替えるのです。灯火は、われわれが命に代えても守らなければならないものであり、役割や係で行うものではないのです。

油が切れたら灯火は消えます。それは、心に迷いや怠慢が満ち、当たり前のことができないということ。それが『油断』。この言葉は、比叡山の灯火を守ることから生まれたのです」

生徒諸君。

「これくらい、いいじゃないか」「見つかるはずがない」「自分だけじゃない」。このような考えで、ヘルメットをかぶらずに自転車で登校する、学校にお菓子を持ち込む、掃除をサボる…。このようなことはないですか。

でも、誰かがどこかで見ているのです。もし、誰にも見られなかったとしても、お天道さまは、あなたたちの行為をすべて見ています。お天道さまは、いいかげんな行為をする人には、幸せをもたらしません。

なぜ私が延暦寺に行ったのか。それは校長だからといって胡坐（あぐら）をかいていたのでは、君たちを導くことはできないから。私自身、学び続けなければならないからです。

皆さん。決して「油断」なきよう、前に向かって進み続けましょう！

何でもない一分一秒を
真剣に生きる
健内かく

5　生徒の突然の死に接して

学校という組織の風土を醸成するためには、手段や方法も大切ですが、それ以上に校長としての姿勢、生き方が問われます。

生徒が突然、不慮（ふりょ）の事故で亡くなったことがありました。動揺する生徒たちに私は、全校集会でこんな話をしました。

今日はとても悲しいお知らせをします。突然の訃報（ふほう）を受けたのですが、全く信じられませんでした。今も後ろのドアが開き、○○君が体育館に入ってくるような気がしてなりません。命の重みについて、私たちは真剣に考えなければなりません。命は一つしかないのです。この命は、家族や友達や先生や多くの人の関わりや絆でつながれていることを忘れてはなりません。ゲームの中では何度死んでも生き返ることができますが、生身の私たちの場合、絶対そんなことはありえません。

身の回りに危険な箇所はたくさんあります。交通事故や水の事故など、いつでもどこでも、ちょっと油断すると命は危険にさらされます。命とは実に危ういもの。皆で自分の命を守り、友達の命を大切にしましょう。学級内で友達を傷つけたり、暴れたりすることも、場合によっては命を奪うことがあるのです。

皆さんが亡くなったとしたら、誰が一番悲しみますか？　君たちの家族ですよ。特にお父さんとお母さんです。わが子を亡くした親の悲しみは計り知れないのです。

先生も、わが子の命を失ったことがあります。一生忘れません。このことを言うのは初めてです。ここにいる先生方も知りません。

私たち夫婦は、結婚後しばらくして赤ちゃんを授かりました。自分が親になれる喜び、どんな家族になるだろうかと毎日、ワクワク。妻のおなかを見ては元気になれよと毎日、声をかけていました。

数カ月後、妻が異変に気づきました。何かおなかの様子がおかしいというのです。恐る恐るお医者さんに診てもらうと、赤ちゃんの心臓がもう動いていませんでした。妻はショックで泣きじゃくり、言葉になりません。

すぐに赤ちゃんを取り出さないと母体も危険と言われ、緊急手術。その夜、麻酔から覚めた妻は「痛い。痛い」と何度も言っては泣くのです。

手術でおなかを切った痛みもありますが、大切な命を失ったことに対する心の痛さなのです。わが子を失った悲しみを、「痛い」という言葉でしか表現できなかったのだと思います。その夜、私は妻の手をグッと握り、できるだけ一緒にいました。

胎児とはいえ、わが子にかわりはありません。私は自分を責める妻を何とか慰めようとしました。でも、どんな言葉をかければ妻の気持ちに寄り添えるのか、まったく分かりませんでした。

私は、自分に責任はないのかと自問自答しました。

思い当たることが一つありました。当時、私はたばこを吸っており、妊娠している妻の前でも平気で喫煙していたのです。

こんなことになったのは、たばこが直接的な原因であるかどうかは分かりません。でも自分にも責任があると思い、その夜からたばこをやめました。わが子の命は亡くしましたが、あの子は私に「お父ちゃんは自分の命を大切にしなさい。そして周りの人の命も大切にしなさい」ということを、命をかけて伝えてくれたのだと思ったのです。

○○君の事故死は本当に痛ましく、残念です。○○君は、私や君たちの心の中にいます。それは、いつも私たちを見守ってくれているということです。○○君の死を悼む気持ちとともに、私たちは○○君の命の分まで、一所懸命生きなければならないのです。

私たちの命はいろんなことで守られていますが、亡くなるときはあっという間。危険な場所へ近寄ってはいませんか。危険な遊びを平気でしていませんか。人をいじめたり、皆が安全に生活するためのルールを平気で守らなかったりしていませんか。

これらも全て命を粗末にしていることなのです。自分の命を粗末にする人は、他人の命も粗末にする人です。

「当たり前のことをひたむきにしよう」。先生たちがよく言っているはずです。それができる人は、感謝する心と奉仕できる精神がある人。それは自分と他人の命を大切にしている人だからです。

今回の事故はショックでしたが、私たちに「命の重み、命の大切さ」をあらためて教えてくれています。私たちがしっかり生きていくこと。皆がひたむきに勉強に部活に打ち込み、明るく元気な学校にしていくこと。それこそが故人への弔(とむら)いになるのだと思います。

生徒全員で力を一つにし、この中学校が日本一だと胸を張って誇れる学校にしましょう。1年後、○○君にこれだけ自分たちは輝いたと言えるよう、全員で頑張っていきましょう。

6　人生の坂

人生には三つの坂があるといわれます。この三つの坂をどう乗り越えていくか、真剣に向き合っていかなければなりません。

まず、一つ目の坂は「上り坂」。

上り坂では、苦しくても歯をくいしばって上らなくてはならないのです。ときにはただ黙って取り組まねばなりません。文句や不平を言いたくてもじっと耐えること。忍耐を学ぶ最適の時期です。

二つ目の坂は「下り坂」。

坂を下るときは気持ちがよく、楽な気持ちもします。

これまでの努力が報われることもあり、一瞬ホッとできる時期でもあります。それは、上り坂で歯をくいしばって努力してきたからこそ、味わえること。努力なくして成功などは決して生まれないのです。

また、他人への感謝を忘れてはならない時期でもあります。順風満帆なときほど、気を引き締めていく必要があるのです。油断大敵です。

三つ目の坂は、何だと思いますか？

それは「まさか！」。

人生には思いもよらないことが多々起きるのです。成功と思った次の瞬間、大きな失敗に見舞われることもあります。登山でも下山の方に危険が潜んでいるといわれています。

想像してもいなかったことが起こったとき、人は「まさか！」と叫びます。そんなときこそ人は焦らず、ことに当たらねばならないのです。

そのためには日頃から、さまざまな準備をしておく必要がある。あらゆることを想定し、シミュレーションしておくことです。

学校での避難訓練もその一つ。この訓練を「どうせ訓練だから」と高をくくってやると、あとでとんでもないしっぺ返しがくることがあります。

危機管理への心構えとして、「危機管理のサ・シ・ス・セ・ソ」を紹介します。

サ＝最悪を想定し
シ＝慎重に
ス＝素早く
セ＝誠意をもって
ソ＝組織的に対応する

人生ではみな、この三つの坂を経験していきます。上り坂、下り坂、そしてまさか！　となったとき、どれだけ平静でいられるかが、その人の度量の大きさでしょう。児童文学者の灰谷健次郎さんが、「勇気とは静かなること」と、小説の中で書かれていましたが、まさにその通りだと思います。

どの坂であっても焦らず、日常の気持ちで取り組んでいってください。

こうした日頃の心の状態を「平常心」と呼んでいます。人間は平常心を保てたとき、最大の力を発揮できるものなのです。

私は、大成館中学校を日本一の学校に高めて行こうと4年間、先生方や皆さんとともに努力を重ねてきました。今、一定の成果を誇れる学校になったと自負しています。

校長あいさつで、こんな話を生徒にしていた私に、突然訪れたのが、「まさか！」。いきなり多発性骨髄腫という血液のガンに冒（おか）され、「緊急に入院加療が必要です」と、仕事も家庭のことも全て放り投げざるをえなくなりました。今、本当に冷静でいられるか、神様が私を試しておられたんだと思うようにしています。

人生がうまくいかないからこそ、人生を乗り切る楽しさやダイナミズムを感じられるんだと思うのです。

友道健氏。今、「まさか！」のまっただなかです。

【追記】

この「人生の坂」は、生徒や職員に話していたのですが、当時の生徒たちの心に突き刺さっているようで、フェイスブックに掲載したら、大学生になったという卒業生が、次のようなコメントを寄せてくれました。

「この話覚えてます‼ 三つ目が『まさか！』で笑えました。中学校で聞いた話で、こんなに記憶に残る先生はほかにいません‼ ブラボー！」（男子卒業生）

「この話とっても懐かしいです。先生のお話で、知らないうちに力をもらっていたんだなと、高校生になって気づきました。たくさん生きる力をくれた先生に感謝です！」（女子卒業生）

闘病生活は、やはり辛いものです。どう説明していいかわからないけど、これが一生続くのかと思うとやるせない気持ちになります。

でも、卒業して3年以上経つのに、まさか（！）、こんなコメントで私を勇気づけてくれるとは。教え子たちには感謝しかありませんね。

7　頭が良いってどういうこと？

生徒の皆さん。君たちはテストの点数だけで、頭がいいとか悪いとか言っていませんか？テストは君たちの能力の一部を測る尺度でしかありません。自分の能力は、自分自身でもよく分からないのです。中学生程度のテストで、頭がいいとか悪いとか決めつける方が、私は恐ろしいと思います。

では、頭が良いってどういうことなのでしょうか？

6点の数学が67点に

中学生のサッカー大会があり、わが大成館中学校が、私の前任校の神辺中学校と対戦したときのこと。どちらもかわいい生徒たちなので、心中複雑でした。

会場に到着すると、神辺中時代の教え子の母親が私のもとに走り寄ってきました。

「校長先生、お久しぶりです。先生にお礼を言わなければと思っていたのに、一言も伝えられなくて転勤されたので。先生のおかげで、息子が１学期の中間テストの数学で67点も取ることができたんです。本当にありがとうございます」

「そうですか～。良かったですね」

この会話には、次のような背景がありました。その年の1月、サッカーの試合を見ていた私が一言、つぶやいたんです。

「サッカーは頭が良くないと上手にならんからな～」

と、それを聞いていた一人の生徒が私のところへ来て、「校長先生、僕はサッカーが上手になれないんですか？」と、深刻そうな顔で言うのです。

「どうしたんだい」

「テストでいい点が取れないんです。特に数学が悪く、冬休み明けテストでは6点しか取れませんでした。だから僕、サッカーも上手になれないんですかね…」

真剣に私の顔を見つめて言う彼に、私は答えました。

「テストの点が取れないことと、頭の良い悪いは同じことではないんだよ。テストの点が取れないのは頭が悪いのではなく、君の努力が足りないだけのことだと思うよ。君は今週何時間、数学の勉強をしたかい？ それに対して、部活でのサッカーの練習は何時間取り組んだかい？ その取り組み方も、積極的にしたか、嫌々したのかも問題だよ」

彼は、黙って私の話を聞いていました。

「頭がいいというのは、団体競技だと仲間や相手の気持ちを考えプレーするとか、さらに上達するために何が必要なのかをいつも考えているということなんだよ。少しでも上達するために考え続け、友達と意見交換し続けているかどうかということなんだ」

テストの結果は努力の差

そんな彼が、６点しか取れなかった数学で、なぜ67点も取れたのか。それは、自分の生活を見つめ直し、勉強という努力をしたから。

私は、勉強方法が分からないという彼に、教科書の練習問題を分かるまで何回でも解いてみなさいとアドバイスしました。

その言葉に従い、彼は努力を始めた。その結果が中間テストに表れた。それは自分を信じ、努力を続けた結果にほかなりません。

皆さん。「自分はできない」と最初からあきらめている人が、多いのではないですか？　今できないからといって、ずっとできないということではありません。同様に、今得意だと思っていたことが、将来ずっと得意であり続けるかどうかも分かりません。

テストの結果は努力の差。私はそう言いましたね。

自分で考え、他の人の考えに触れる

皆さんは１日24時間しかない中で、テレビやゲームにどれだけ時間を取られていますか。テレビ番組にも考えさせられるものもありますし、番組全てを否定はしませんが、見ているだけでは受け身になってしまいがちで、「本当にそうなのか」「自分ならこう思う」と自分の頭で〝考える〟ことがどうしても少なくなります。

それに比べると、読書はより多く、そして深く考えることができます。もっといいのは、そうして考えたことを、ほかの人とディスカッションしてみること。新たな考え方や思いに触れ、自分の考えを深めることができるからです。

それを実践できている人は現状に満足することなく、中学校を卒業しても、自分の意見を言える力がつくよう、さらに高めてほしい。

君たちの未来を輝かせるために絶対に言えること。それは、何歳になっても絶えず勉強し、考え続けることが大事だということ。

君たちの未来が輝き続けることを心から願っています。

８　将来に対する相談

「夢や希望を持てと親や先生は言います。でも、どうやったら夢や希望が見つかるのか分かりません」

中学生からこんな相談をされたら、皆さんはどう答えますか？

神辺中学校時代、私は昼休みに校長への質問タイムを設け、勉強方法から、部活と勉強の両立、友達との関係、担任の先生についてなど、多岐にわたる相談に乗っていました。いつも、校長室のドアは開けっぱなしにしていました。

生徒と面接すると、確かに「まだ見つけていません。これから探します」という答えが多いのも事実です。そんな生徒には、私はこんなふうに声かけします。

夢が見つからないのなら

夢が見つからないのなら、「人を喜ばせる」ことに全力を尽くしてみたら？　他人から「ありがとう」「君に会えて良かったよ」と、声がかかる存在になることを目指すんだ。

生活のためにお金を稼ぐ。それも仕事の目的の一つだけど、人はお金のためだけに働いているわけじゃないんだ。

中学生なら、実際に事業所などに行って働く「職場体験」をしたことがあるだろう？　そのとき、見ず知らずの人から「ありがとう」「ご苦労さま」と、声を掛けられたことはなかったかい？　そのとき、どんな気持ちになったかい？

農林水産業、工業、商業、サービス業と、世の中にはいろんな仕事があるけれど、その本質は「人さまに喜んでもらえる」というキーワードでまとめられるのではないかと思うんだ。

面白いことに、同じように働いても、誰かの喜ぶ笑顔のために働くようにすると、仕事の仕方が変わるよ。すると、次第に次から次へと仕事が舞い込んでくるようになるんだ。

そうなるには、頼まれごとをされたときの態度がポイントになる。親や先生から頼まれごとをされたとき、キミはどんな顔をしているかな。

「やります！」

「今、忙しいのに…」なんて不平そうな顔をしていないかい。でも、良識ある大人は、無理なことは決して頼みません。頼まれるということは、キミたちが試されていることでもあるんだ。

「やります！」。笑顔でそう言えば次も頼まれるし、「できない理由」ばかり考える人は頼まれることも少なくなる。

実はこれ、大人になってからの仕事でも一緒なんだ。注文が来ないと会社は倒産してしまうかもしれないだろ。けれども、いつも人を喜ばせようと必死で考えている人は、世の中から特別な役割を与えてもらえる。「ありがとう」や「笑顔」のために働くことができる人には、周囲の人たちが次々と仕事や役職をもたらしてくれるんだ。

学校の行事やボランティア活動で考えてみよう。例えば掃除をして、どんなに教室がきれいになっても、やらされている掃除だとあまり進歩はない。

それが「みんなのために、この場所をきれいにして気持ちよく使ってもらおう」と考え始めると、取り組む姿勢が変わる。こうしたら、ああしたらといった創意工夫が出てくる。周囲にも「あんなに頑張っているから、汚さずに使おう」「ごみを拾おう」などといった雰囲気が生まれ、学校全体が変わってくる。先生はそんな体験を何度もしてきたんだ。

「将来の夢」といえば、イチロー選手や大会社の社長のような大物になることを考えがち。でも、夢のベースに「人をどうやって喜ばせるか」という考えを持ってほしい。そんな中から、キミの夢や希望が見つかると思うんだ。

多くは失望、挫折から

こんなデータがあるよ。

中学校3年時に希望する仕事を持っていた人とそうでない人を比べると、希望する仕事を持っていた人の方が、大人になって仕事にやりがいを感じる比率が高い傾向にあるというんだ。ただし、ほとんどの人が中学生時代に希望した仕事には就いていないよ。具体的な目標があるということは、その多くは失望に変わり、挫折に直面することでもあるからね。

でも、この体験が意味を持つ。挫折を通して未来の自分を見つめる機会が得られ、希望の修正を重ねることで新たな「やりがい」や、これなら自分にもできるかもしれないという「可能性」が見つかってくる。自分の過去の失敗を現在の言葉で表現することで、未来の希望を語ることができるようになる。

こんな過程を経て、キミたちは多くの人や物と「出会う」ことになる。その出会いこそが、キミたちの可能性や能力を引き出してくれる。その時が、新たな夢や希望が湧く瞬間なんだ。

哲学者の森信三の言葉を、キミに贈るね。

人間は一生のうち、逢(あ)うべき人には必ず逢える。
しかも一瞬早すぎず、一瞬遅すぎない時に――。

だいじょうぶだぁ。
キミならきっとうまくいく。

9　夢を叶えるまでの道のり　――今泉健司五段のこと

２０１６年、大成館中学校にプロ棋士の今泉健司五段（当時四段）をお招きし、お話を聞きました。棋界の門を叩いてから27年かけて、戦後の将棋界で最年長の41歳でプロになられた方。棋士になるというその夢を叶えるまでの道のりにとても感動したので、ここでご紹介させていただきます。

「天才」たちが集う奨励会

小学校2年生で将棋を覚えた今泉さん。小学生時代、中四国では敵なしの強さを誇り、さらなる強い相手を求めて大阪での研修会に参加。14歳で、プロ棋士の養成機関「奨励会」に合格します。

奨励会に集うのは、県代表レベルの腕（アマ五段くらい）を持つ少年少女たち。奨励会ではおおむね六級からスタートし、仲間たちと戦いながら成績に応じて昇級、昇段。四段になって初めてプロ棋士と呼ばれるようになります。

その棋士になるための最終関門が、半年間、三段の人だけで対戦する「三段リーグ」。通常、ここで勝ち抜いた人だけが四段に昇段できるわけです。

奨励会は、地方で「天才」といわれていた少年たちが集うわけですから、生存競争はとても激しい。満21歳になるまでに初段にならなければ退会ですし、原則として26歳までに四段に昇段できなければ棋士への道は絶たれます。

さて、奨励会に入った今泉さんは高校には進学せず、将棋一本の生活へ。順調に白星を重ね、20歳で「三段リーグ」に入りました。

四段になるのは時間の問題と思っていたそうですが、「三段リーグ」で足踏みします。何度か次点までは行くのですが、あと一歩のところで負けるのです。

そして6年が経過。規定により、失意のうちに故郷の福山に帰ることになりました。

再起・挫折・帰郷

プロ棋士の道が閉ざされた以上、生きていくためには仕事をしなければなりません。レストランの厨房などで働く傍ら、アマチュア棋戦に。そこで好成績を上げたことで、33歳のとき、特例で三段編入試験を受けることができるようになり、見事合格。34歳から三段リーグで戦う権利を得て、一度はあきらめた夢に再びチャレンジすることになったのです。

しかし、ここでも2年4期の間に好成績を挙げられず、35歳で2度目の挫折を味わうことになりました。

失意のうちに、再び帰郷。福祉施設で老人介護の仕事に就くのですが、その体験が今泉さんの人生を大きく変えることになりました。

就職してすぐにお見舞いされたのが、施設に入所しているおじいさんからのカウンターパンチ。元気に挨拶したら、突然、一発くらったのです。もう一人、普段は朗らかで明るいけれど、トイレに連れて行くときだけ、人が変わったように荒れ狂うおじいさんにも出会いました。

でも、お二人がそうした行動をとるのには理由がありました。

カウンターパンチのおじいさんは、自分の左手に立つ相手には攻撃的になる習性があった。だから右手に立って話をすれば、何も危害を加えない。それを知って今泉さんが右側に立って声をかけるようにした結果、殴られることはなくなりました。

一方、トイレに行くのを拒むおじいさんは、シベリア抑留の体験者でした。はるか半世紀以上も前の出来事ですが、狭い個室に閉じ込められると当時のことを思い出すのか、異常な恐怖心を抱くというのです。それからトイレに行くときには、まず、ゆっくりトイレで用を足せることを説明し、おじいさんの気持ちをリラックスさせてから連れて行くことを心がけるようにしました。

福祉施設で学んだこと

福祉施設には、もう一つの顔もありました。それは、死。昨日まで元気に話していたご老人が、朝になったら他界していた現場も数多く見ることになったのです。今泉さんはそこで、「時間」と「死ぬ時を知らされていない」ことは、すべての人に平等であることを悟りました。「物事には理由がある」「感謝する気持ち」「仕事は喜びを与える営み」「思いやりの心」「とにかく全力で生きる」――。今泉さんは、この仕事を通じていろんなことを学んだと言います。

この頃の今泉さんは、福祉の仕事に身を捧げ、将棋は趣味として楽しんでいこうと思っていました。ところが、またまたいくつものアマ棋戦で優勝するのです。それも、プロ棋士も参加するオープン棋戦でプロを何人も撃破するうち、対プロ棋士相手に、直近の公式戦で10勝さらに勝率6割5分以上という好成績を挙げたことで、遅れてきた実力者を救済するために設けられたプロ編入試験の受験資格を獲得。プロ棋士と5戦して3勝したらプロ棋士になれることになりました。

死ぬ以外はかすり傷

編入試験で今泉さんは、1、2局と連勝します。あと1勝でプロになれる。そう意識したとき、いつものように、「こんなにうまくいっていいんだろうか、どこかに落とし穴があるんじゃないか」という弱気の虫が。果たして3局目は、心配した通りに完敗でした。

「これで終わりかもしれない」。そう思ったとき、ある人が「自分の苦しいことを言葉にしてノートに書き込んでみなさい」と助言してくれました。

次の対戦まで、40数年間の苦しみを言葉にして、ノートに書き続けているとき、心にストンと落ちた言葉がありました。

「死ぬ以外はかすり傷」

「どんなに苦しいことも、3年たてば笑い話」

そして迎えた第4局。今泉さんは、対戦しながら不思議な感覚を抱いたと言います。将棋を指す指先に、自分を応援している人の力を感じた、というのです。将棋盤の前で戦っているのは自分だけだけど、決して一人だけで戦っているのではないんだと。

自分一人で生きているのではない。だから、将棋を始めるとき、決着がついたとき、勝敗に関係なく、礼をもって相手に感謝の気持ちを表すことができる。そんな境地に至ることができる自分がいた。それは、福祉施設で働き始めて感じるようになったことだったそうです。

そんな気持ちで将棋を指しているうち、見事勝利。通算3勝1敗で、41歳にして念願のプロ棋士になれたのです。

心から「礼」ができるようになった

将棋界は、名人を頂点に、A級、B級1組、B級2組、C級1組、C級2組という順位戦があり、特例で入会した今泉さんがまず所属したのは、順位戦には参加できないフリークラス。しかし、プロ入り後、勝ち星を重ねて規定をクリアした結果、C級2組へ昇進。

2018年のNHK杯テレビ将棋トーナメントでは、最年少でプロになって以来、さまざまな記録を塗り替えている、あの藤井聡太さんに勝利。「史上最年長で棋士になった今泉が、史上最年少で棋士になった藤井聡太を撃破」と話題を呼びました。

そして20年には、プロ棋士となってから公式戦通算１００勝を挙げ、五段に昇段しました。

奨励会でプロの卵との戦いに勝てなかった人が、なぜ年を重ねてからプロ棋士相手に勝てるようになったのか。不思議に思いませんか。

理由を尋ねると、本人いわく、対戦相手への感謝の気持ちを持って、心から「礼」ができるようになったからだと。「挨拶も、言葉だけでするのか、相手に心から敬意を持ってするかで、全く違うんです」。

講演を終えた今泉さんを玄関までお見送りした際、満面の笑みでこう言われました。

「校長先生。生徒にお伝えください。神様は越えられない壁は与えませんからね。人生に無駄はありません」

志を立ててから四半世紀。いろんな回り道をしながらも、今泉さんは何度もチャレンジし、夢を叶えた。しぶとく、そして力強く生きるその姿勢こそ、福山の誇りです。

対局を終えた今泉五段

第4章

ブラボー！ 大中

教師が楽しく歌えば生徒も楽しく歌う。入学式後、教室を回って歓迎の歌を披露する大中歌うたい隊

1 「ブラボー！」始まりの記　――人生成り行き

「ブラボー！」

大成館中学校時代、行事が終わって校長講評をするたびに、全校生徒の前で私がそう叫ぶのが恒例になっていました。

最初の「ブラボー！」は２０１４年春、私が大成館中学校の校長として着任し、全校生徒と顔合わせした就任式と始業式の日のこと。就任式が始まる前、私は生徒たちが体育館で校歌斉唱の練習を行う光景を見ていました。

そして、就任式がスタート。着任した教師たちが順にステージに登壇するのですが、私は登壇する前にマイクをとり、いきなり叫んだのです。

「君たちの校歌を聴いて感動した。一言伝えたい。ブラボー！」と。

なぜ叫んだのか。前任校でもそんなことはやったことがなかったし、今でもわかりません。ただ、体育館での彼らの歌声に感動した、それだけだったのです。

何が起こったのかわからず、一瞬静まり返る生徒たち。中には、顔を見合わせて小声で話す生徒もいて、体育館はざわついてきました。

「静かにしてください」

司会する教師が注意すると、そのあとは何事もなかったかのように就任式、始業式と、式は粛々と進みました。

１週間後、生徒会顧問の教師が、やってきて言いました。

「今年の生徒会のスローガンは『一生懸命はブラボー！』にしますが、よろしいでしょうか？」

「えっ」と思いましたが、了承しました。

何かテコ入れを

それから約１カ月。生徒の様子を観察しているうちに私は何か違和感を抱きました。やることはやっているんですが、なんか集団の中で抑圧されていて、やらされているような雰囲気もまたなきにしもあらず、だったのです。若い頃から生徒会活動や学級会活動のような特別活動に教師としてエネルギーを注いできた私としては、生徒の主体性が求められる自治活動を支えるために何かテコ入れを図らなければならないという思いが募っていきました。

職員室にも気がかりな点がいくつかありました。教職員は決して一枚岩とはいえず、無用な対立や、簡単な意思の統一さえ難しい状況も見られました。よく言えば個性的な集団をどのようにまとめていけばいいのか、校長として思案していた時期でもあったのです。

一生懸命はかっこいい

五月に入り、体育大会がありました。

音楽部の演奏に合わせて、堂々の入場行進。全員、声を一つに合わせて、足や手を大きく上げて行うさまは見事なもの。開会式で団長が選手宣誓を行うと、いやがうえにも気持ちは盛り上がっていきます。

１００メートル走から競技開始。生徒の力いっぱいの走りに、見る方にも力が入ります。団体競技や学年種目では、大きな声を出し、息を合わせて協力。競技している生徒たちは必死の形相で砂をかき上げ、汗ほとばしり、力の限り速く、遠くへ、高く跳びはね、駆けていたのです。素晴らしい記録も出ました。勝負では敗れても、最後まで力を抜かずに競技に向かう生徒の姿に、私はあらためて「一生懸命はかっ

体育大会で堂々と入場行進する生徒たち

こいい」と、心の中で何度も繰り返しました。

応援も素晴らしかった。応援リーダーだけではなく、テントの下でも大きな声援。「応援合戦」では、リハーサルのときとは打って変わってまとまりとキレがあり、心が一つになっていました。本当に見事でした。

リレーには先生たちも飛び入りで参加。大会を盛り立ててくれました。

準備や出発、招集などを担う役員たちも、自分が任された仕事を、まさに一所懸命行ってくれていました。自ら進んで、こうした役を買って出てくれた縁の下の力持ちたちに、私は心の中で拍手を送っていました。

もっと広い世界へ、ブラボー

生徒たちの演技や競技に、ときには鳥肌が立つくらい感動を覚えつつ、体育大会は無事終了。

体育大会での名物競技「30人31脚」。心を一つにしないと前に進めない

閉会式での校長講評の時間になりました。

最初、私はごく普通に朝礼台に立って講評を語っていたのですが、途中でこの学校に漂う閉塞感を打ち破りたい衝動に駆られてきました。

そして講評の最後。マイクを手に、腹の底から思いっきり叫んだのです。

「ブラボー！」

私としては、2度目の「ブラボー！」。「君たちは素晴らしいんだよ。だから自分のカラに閉じこもっていないで、もっと広い世界に打って出てこいよ！」という思いを込めたつもりです。

叫んだ瞬間、前回同様、グラウンドは水を打ったような静けさに。私は「しまった」と思ったのですが、次の瞬間、大きなどよめきとともに、大きな拍手がいつまでも続いたのです。

こうして、大きな行事があるたびに、私が「ブラボー！」と叫ぶのが大成館中学校の風物詩（？）にな

「ブラボー！」と叫ぶ

りました。

生徒の素晴らしい行動に対し、私が「ブラボー！ だ」と伝えると、その生徒は喜び勇んで教室に帰り、「校長先生から『ブラボー！』をいただきました」と叫ぶ。すると、仲間たちから「お〜」と言う声が上がり、拍手が起きる。

生徒たちは、私から「ブラボー！」をもらうためには、どうすればいいか、自分たちで考え、行動する。それが日常的に行われる学校になっていったようなのです。

「意欲」を、どうやって引き出すか

日頃、校長という役職にある人には、それらしくふるまうことが求められます。社会的責任があるし、信用にかかわることでもあるからです。だから、「それらしく」ふるまい、「それらしく」人と関わる。これはこれで、大切なことでしょう。

でも、一方で私は思うのです。

「それらしく」ふるまい、「それらしく」関わることで、今を生きる子どもたちをワクワクさせることができるだろうか、と。

何が言いたいか。それは、子どもらの「意欲」を、どうやって引き出すのか、ということ。

知識を身につけることは、教師が勉強方法を教えたり、本人が塾へ行って勉強したりすれば達成できます。思考力、判断力、表現力などの能力を高める方法も、授業改善やトレーニングで何とかなります。

では、「意欲」はどうやったら高めることができるのでしょうか?

これは本当に難しい。これ自体が難問だし、意欲が高まったかどうかを検証することも、また難しいのです。

「当たり前のことを当たり前に行う」。これは、人間を成長させるために絶対必要な大原則です。これができない人間に、「意欲」は湧きません。

とはいえ、当たり前のことばかりやっていても、意欲的にはなりにくいのも事実なのです。

バカになれ

アップル社を共同創設したスティーブ・ジョブズ氏の有名な言葉があります。

Stay Hungry, Stay Foolish.

直訳すると、「ハングリーであれ、バカになれ」。

論理の飛躍かもしれませんが、この言葉は「日常の中の非日常」ということを意味するのではないか。あるいは、「常識にとらわれない」という意味もあるのかも。

普通、こんなことはしないだろう――そう思うような行動によって、生徒たちが笑ったり、驚いたり。まあ、ロックシンガーのように絶叫する校長は、まずほかにはいないでしょうが、それによって生徒たちのモチベーションが上がれば、それでいいじゃないか、と私は思うのです。最初に叫んだ体育祭の模様を思い出し、闘病中に趣味で投稿しているフェイスブックでそのときのことを語ったら、ある保護者がこんな言葉を書き込んでくれていました。


友道先生、懐かしいです!!

先生は息子が中2の時に赴任して来られて、体育大会で「ブラボー！」と叫んだ校長先生は初めてだったので、正直ビックリしました（笑）。

本当に今でも忘れられない衝撃的な出来事でしたよ！

でも先生の思いは生徒はもちろんのこと、保護者にも伝わって、行事があるたびに先生の「ブラボー！」を期待するようになっていました（笑）。

先生のエネルギッシュな「ブラボー！」。何度も聞けた私はラッキーです。


私自身、それから「ブラボー！」を連続して叫ぶことになるなんて思ってもみませんでしたが、私が大成館中学校を去る日のこと。離任式で挨拶をしていると、保護者席のあちこちからスマホやビデオによる動画撮影が始まりました。式典後、「最後のブラボー！が撮れた」と喜ぶ声が私の耳に届いたときには、思わず笑ってしまいました。

「ブラボー！」を待っていたのは、どうも生徒だけではなかった。保護者たちもまた、「ブラボー！」をもらう生徒たちを見たかったのではないか、と。

就任式での「ブラボー！」、そして体育大会での「ブラボー！」。それは生徒たちの爆発するようなエネルギーが私に言わせたもの。落語家の立川談志師匠じゃないけど、まったくもって、人生成り行き、ですな。

たまたまが
一生になる
ことがある
俊氏かく

２　わかることは、かわること　――不登校の仲間を思いやる

ある年の卒業式。

式では、担任教師に名を呼ばれた生徒が、「はいっ」と言って立ち上がり、一人ずつ壇上で卒業証書を受け取ります。欠席者がいると、当然、返事はありません。ところが、ある生徒の名前が呼ばれたとき、クラス全員から「はい！」という大きな声が上がったのです。その生徒は、いわゆる不登校生。卒業式当日も欠席していたのですが、クラスメートがみんなで代返したのでした。担任教師は内心あわてたようですが、式典は何事もなかったかのように進みました。すると、次のクラスでも同じことが起きました。欠席生徒の名が呼ばれると、クラス全員から「はい！」という大きな声が返ってきたのです。

想定していなかった生徒たちの行動に、３年生の担任たちは、誰か自分以外の先生の指導でやったのだろうと思ったそうですが、真実はこうでした。

理解したことは実践に

最初のクラスでは、式に臨む前にある生徒が「休んでいる生徒の代わりに皆で返事して、ク

ラス全員で卒業したことを喜ぼう」と提案した。次のクラスは、前のクラスが欠席生徒の代返をしたのを見てとり、式の最中に目配せし合い、ぶっつけ本番で同じことをしたというのです。

すごいことだと思いました。卒業式の厳粛な雰囲気の中でのアドリブ。大人だってできることではありません。この話を伝え聞いた欠席生徒と家族は、うれし涙が止まらなかったそうです。

不登校の仲間を思いやり、代返した生徒たちと、そうした思いを推し量り、即座に同じ行為をやってのけた次のクラスの生徒たち。

「わかることは、かわること」

「わかる」と「かわる」。「わ」と「か」が入れ替わっているだけだけど、理解したこと、学んだことを、すぐに実践に移そうじゃないか。これは大成館中で、私が学校経営の柱の一つにしていたことでした。

わかることは、かわること（2018年3月、神戸「ネコの会」で）

墨書の式辞

不登校生徒の場合、通常の卒業式とは別に、その生徒に関わりのあった教師らで式を行うことがあります。不登校になった理由はさまざまで、私は校長としての寄り添い方、新たなスタートに向けてのエールの送り方を考えました。その答えとして、1人の生徒のためだけに、心を込めて式辞を墨書することにしました。

当日、式辞を読み上げると私の思いが届いたのでしょうか、生徒は泣きながら卒業証書を受け取ってくれました。

一緒に泣いた母親が言いました。

「校長先生に、こんなにこの子のことを思っていただいていたなんて考えてもみませんでした。校長先生の言われてきたことに、もっと素直になればよかったと今、心から反省しています。

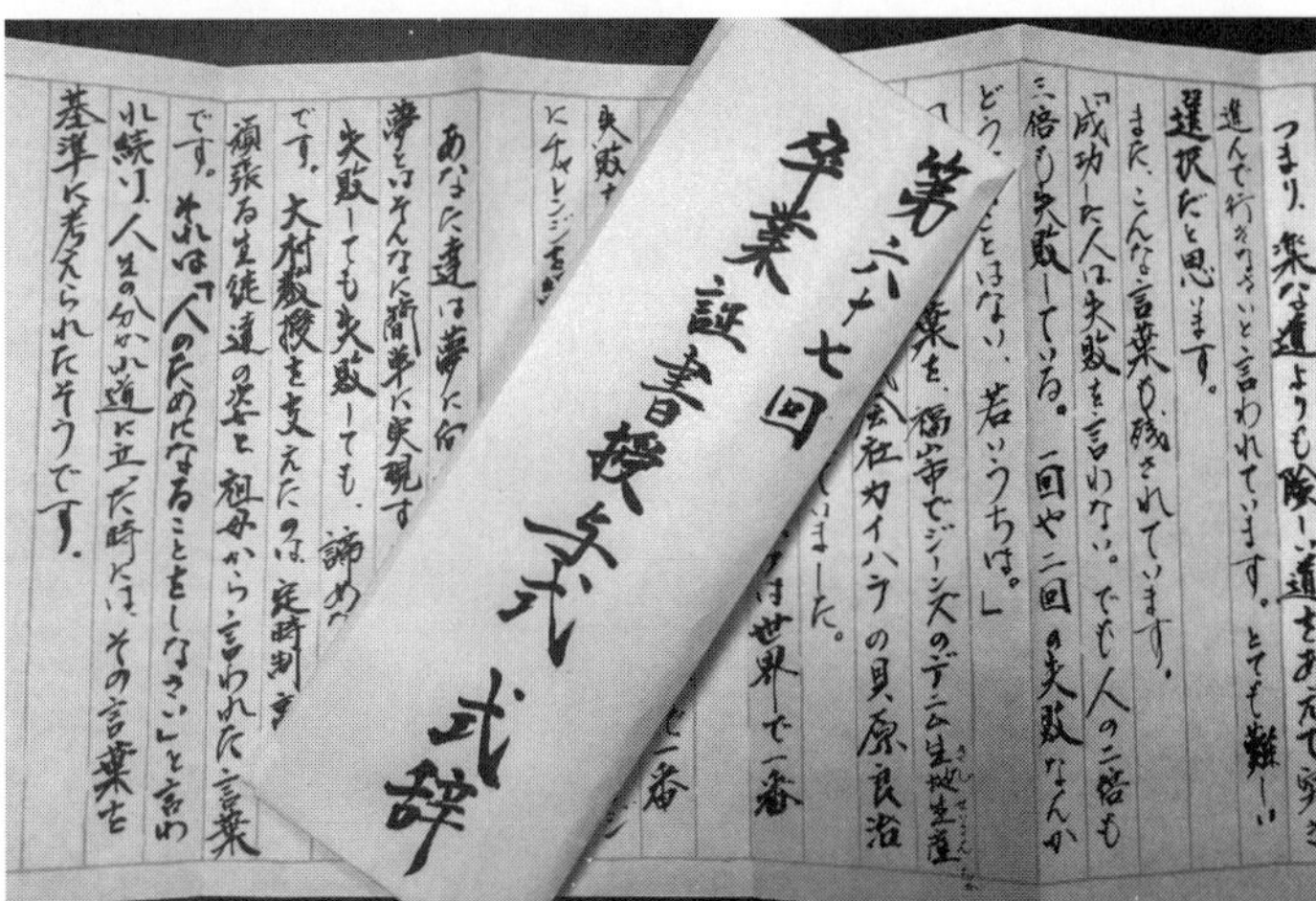

墨書でしたためた式辞

この式辞をいただけないでしょうか。これからは、この子にもっと寄り添い、頑張ります」

実は、これまで母親の心の中には学校への不信感もあったようです。学校の本音としては、自分たちの真情をもっと早く母親に分かってほしかった。それでも義務教育最後の日に気づいてもらえたことに、私は胸をなで下ろしました。

自分を変える力

式を終えて職員室に帰ると、年配の教員が大声で同僚に呼びかけていました。

「ワシらは本当に生徒に寄り添うとったんか。もう少し早く、あの母親の気持ちを理解できんかったんかのぅ。どうせやっても無駄じゃ言うて、逃げとることはなかったんじゃろうか。あの親子からワシらは学ばんといけんのよ。もっと動こうや、教員は動いてナンボじゃけぇ」

自分を変える力は、その人自身にしか備わっていないのではないでしょうか。

子どもたちに合唱が好きになってもらおうと思ったら、先生が子どもの前で思いっきり楽しそうに歌えばええんです。勉強も一緒。分かることがこんなに面白いんかということを、親が子どもに見せてやるんですよ。水が器によって形を変えるように、われわれ教員の役割は、子どもらが学ぶ環境を整えてやることと、いい出会いに巡り合わせること。そうすれば、みんな伸びるのです。

わかることは、かわること、なんです。

3　一生懸命はかっこいい！——歌声の力

「一生懸命はかっこいい！」

これは、私の2代前の渡辺淳一校長のときから受け継がれている、いわば大成館中学校のスローガン。私はもちろんのこと、生徒、教職員も、いつもこの言葉を学校生活の中で繰り返し語り合っていました。

この言葉の意味が顕著に表れるのが、合唱など歌声の場面です。思春期には、他人の前で大声で歌うことに抵抗を感じるというのも普通にあるでしょう。この本の編集を担当した新聞記者の佐藤弘さんは、「人前で一生懸命やること、真面目にすること自体が、かっこわり〜というのが、自分たちの頃の中学生だったけど…」と、懐疑的でした。

ところがどっこい、大成館中学校の生徒たちは額から汗が流れるほどの大きな声で歌うんです。それは歌うこと自体に気持ち良さを感じ、大声でハーモニーを響かせ合うことが「かっこいい」と感じているからです。

そこまで持っていく流れはこうです。

4月。新入生が入学すると、生徒会主催のオリエンテーションが開かれます。この行事では、生徒会のリーダーが「大声で歌うことがかっこいいんだ」と、新入生たちに繰り返し声をかけます。新入生たちも、その声かけに応じ、何度も腹の底から声を出して歌うことによって、次第に大声で歌うことに喜びを感じるようになります。

とはいえ、歌声を充実させるためには単発では駄目。継続した練習の場と、それを発表する場が必要です。

練習の場は、オリエンテーションの後に行う1泊2日の歌声合宿。そして、全校生徒で新入生を歓迎する行事「一迎会」で、先輩たちに合宿で上達した歌声を聞いてもらうのが、最初の発表の場になります。

歌声合宿で、新入生の歌声は格段に上達します。一迎会では、数カ月前までは小学生だった彼らが一生懸命歌う姿に、いつも感動させられます。彼ら自身も、「聞いてくれ」と言わんばかりに、自信満々で臨むのですが、それを上回るのが、さらに経験を積んでいる先輩たちの歌声。そこで新入生はレベルの差に驚き、あらためて歌うことへのトップイメージを高く設定することになります。

ほかにも、合唱コンクール、文化祭、3年生を送る「三送会」…。大成館中学校では、さまざまな学校行事の中で先輩と後輩が互いに歌声を披露し合い、日常的に切磋琢磨していくわけです。

発表の舞台を外に求めることもあります。それが、生徒たちが分散して、校区内の四つの小学校に出向く「小中歌声交流会」。いずれ自分の後輩となる児童と交流する中で、歌う楽しさを伝えていく企画です。

校外で行う歌声交流会は、ある意味他流試合のようなもの。緊張しつつも、小学校の教職員や児童から絶賛されることで、生徒たちは自分たちの歌声に自信や誇りを抱くようになり、文字通り「一生懸命はかっこいい」ことを体感します。

歌う喜びを知った生徒たちは、学校のあちこちで歌い始めます。なにかあるごとに、廊下やグラウンドで自然発生的にハーモニーが聞こえる学校になるのです。

中学生が小学校に出向いた小中歌声交流会

歌声合宿で練習する新入生。昼も夜も歌いまくるプログラムになっている

4月の入学式で歌う校歌と課題曲を一緒に練習する小中歌声交流会。中学生のど迫力の合唱に、小学生の目が点になっていた

これらの活動を通し、生徒会長が卒業式で語った言葉です。

先輩たちから引き継いだ大中文化の柱『歌声』を守る活動を通して、自分たちの「心」を解放する環境をつくってきました。その伝統に守られながら、僕たち自身が変わりたい、成長したいと考え、行動したからこそ、今の僕たちがいるのだと思います。もちろん、家族、先生方、先輩方、後輩の皆さんの協力とサポートがあったことは言うまでもありません。大中文化の『歌声』を引き継ぐということは、歌がうまく歌えたり、大きな声で歌えたりする以上に、「自分たちを成長させる環境を、大中につくり続ける」ということだと思います。

「一生懸命はかっこいい！」と感じていた若者たち。なんと彼らは、自分たちが成長できる環境に目を向けるまでに、成長できていたのです。

そしてそれは、私が学校経営の〝三種の神器〟と呼ぶ、「掃除、挨拶、ありがとう」につながっていくのです。

4　掃除は心を磨く

学校経営の柱に、掃除を取り入れてきました。神辺中学校でも大成館中学校でも、私が徹底して実施したのが、無言で校舎を磨く「無言清掃」です。

無言の意味

掃除場所を自分の心だと思い、持ち場を磨き上げることは、自分の心を磨くことに通じると生徒たちに話し、額に汗して行う掃除を目指してきました。

10分のうち、7分間は通常の掃除。残り3分で汚れた場所を見つけて磨き上げる。このことで周りを見る目を養うことができ、察知力が身に付きます。

体育館のアリーナ部分もモップではなく、黙々と雑巾掛け。そのうち廊下も鏡のように自分の姿を映し出します。綿ぼこりなんてありません。両校とも古い校舎でしたが、生徒が心を込めて拭いてくれるので輝いていました。掃除場所が輝くと、同時に自分の心も輝いてくるのです。

なぜ掃除を大事にするのか。さらには、なぜ無言で行うのか。「無言清掃」を徹底するには、まず教師にそれを理解してもらわねばなりません。そこで両校の職員には、モデルとした福井県の永平寺中学校を訪問してもらっていました。先進地を視察し、職員にトップイメージを体感させることはとても意味のあることですからね。

永平寺中の掃除

永平寺中学校の掃除は、体操服に着替えてから掃除場所に集合して今日の目標を言い合い、礼を行うところからスタート。その後、無言で8分間、通常の拭き掃除を行い、残った2分間で生徒一人一人が気づいた場所を拭き掃除するのです。生徒たちが額に汗して必死で拭く姿には感動を覚えます。

掃除を終え、集合して今日の反省を言い合うところまでが掃除の時間。そこには、掃除で学校をきれいにするだけでなく、掃除を通じて、人の心も磨き上げる思想が貫かれていました。

これまで、「掃除を頑張ってます」と語ってきたことが、いかに嘘っぽいことであったか。永平寺中学校の掃除を目にした職員は、そのレベルの違いに愕然（がくぜん）として帰ってきます。

その上で私は、職員に「そこまで学んで来てくれてありがとう」と言うのです。そして、すぐには永平寺中学校のレベルまで引き上げることは難しくても、少しでも近づくために自分たちでできることを問うのです。

こうすることで職員も、職員室での机上整理などに積極的に取り組むようになり、廊下や教室での掲示物の乱れがあると、さっと整えるのが当たり前に。掃除の時間には職員が率先して生徒に見本を示してくれるので、集団としての結びつきも強くなってきます。

「掃除の時間」は日本だけ

「掃除は日本文化です」。こんなことを言うと、誰だってやるだろうと、不思議がる方も多いでしょうね。では、学校に「掃除」の時間があるのは世界で何カ国あるでしょうか？

答えは１カ国。日本だけです。もっとも最近では、日本の教育を知った国に、「掃除」の時間を取り入れている国もいくつかあるという話も聞きますが…。

日本では、児童生徒が自分が使用した教室などを掃除します。当然、学校時間の割り振りの中に、掃除の時間は位置付けられています。一方、他国では清掃担当の職員が受け持ちます。

これは、掃除に教育的意味を持たせているかどうかの違いです。日本では、生徒の人格育成に掃除が有効だと考えているのです。やらされる掃除ではなく、自ら進んで行う掃除。そこには自らの心を磨くということのほかに、他者のために額に汗する喜びがあるという教育哲学があるのです。

日本では古来、身の回りは自ら清める風習が定着しています。安土桃山時代、日本を訪れたアレッサンドロ・ヴァリニャーニらキリスト教の宣教師は、日本の住環境は木造で質素であるが、とても清潔であるとローマに報告しています。日本文化は神道と禅宗の影響を強く受けていますから、自ずと生活の中で掃除や身の回りを清めることが自然に行われるようになったものと思われます。

「意欲」と「気づく力」

掃除について忘れられないのは、ある生徒が、教室をきれいに磨き上げた後に発した言葉です。

「教室がきれいになったら、勉強したくなってきた」

自分の身の回りを清めることと意欲の間には、密接な関係があります。それも、他者がきれいにするのではなく、生徒自らの力で行うことで意欲はさらに高まります。

神辺中学校や大成館中学校では、永平寺中学校とは時間配分を変えて、気づきの掃除を1分間長く設定しました。掃除の時間は気づく力を養う絶好の機会なので、生徒が気づくことに力を入れたかったからです。

わずか10分間ですが、レベルの高い掃除をしていくと、生徒は自分が受け持った空間をいかに美しく磨き上げようかと、頭を捻(ひね)り始めるのです。

目標を掲げ、皆で力を合わせる

こんなこともありました。

大成館中学校の玄関のタイル。毎日の掃除で、ある程度はきれいになるのですが、長年のワックスがけで蓄積した垢(あか)が黒ずみとしてへばりつき、普通の掃除ではこれ以上きれいにできないことに一人の生徒が気づきました。

その生徒は担任に、この黒ずみをとった上でもう一度ワックスがけをしようと提案。担任は黒ずみを取り除くために、プラスチックのコインを人数分準備しました。

でもタイルは１００枚近くありますから、そう簡単じゃない。でも生徒たちは、次のような計算をしていました。

１日の掃除で、１枚のタイルを磨くことは可能である。通常の掃除を7分程度行い、残りの2〜3分をタイル磨きの時間に充てる。グループのメンバーは5人いるから、１日5枚は磨ける。ということは1週間で25枚、2週間で50枚、１カ月あれば玄関の全てのタイルを美しく磨き上げ、ワックスを塗ることが可能だ、と。

１カ月後には、こうありたいという目標を掲げ、皆で力を合わせて、小さなことを日々積み上げるという、生徒たちの考え方に私は感動しました。しかし、それだけじゃなかった。私がその生徒に、なんで玄関のタイルを美しくしようと思ったのかと問うと、「玄関は学校の顔です。学校の顔は絶対に美しくなければいけないと思ったからです」と答えたのです。

この玄関タイル磨きの活動は、ここだけでは終わりませんでした。このグループの活動を知った生徒たちによって、ほかの掃除場所（1階廊下や階段など）にも拡大。こうして大成館中学校の廊下のタイルは、どこもピカピカに磨き上げられることになったのです。

無言でやることによって五感が研ぎ澄まされる「無言清掃」だからこそ、生徒は気づくことができたと思っています。無言だから、周りの汚れや課題にも目が向いた。これが友達とおしゃべりしながらの掃除だと、五感の感受性も鈍ってくるのではないでしょうか。

「掃除、挨拶、ありがとう」。これが私の中学校経営の〝三種の神器〟。

「わかることは、かわること」。この一見、コトバ遊びのようなシンプルな言葉を体感させる身近な実践の場が、掃除であり、人を大切にする挨拶、そしてありがとうという言葉だったのです。「掃除、挨拶、

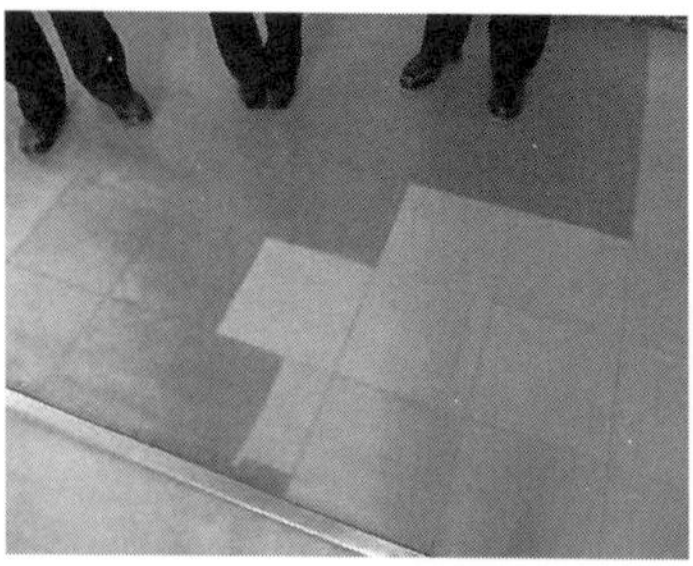
「垢をとろう」と生徒たちが提案した玄関のタイル。コインで磨き上げられ白くなっている

廊下を雑巾掛けする生徒

体育館の床も雑巾掛け。ピカピカに磨き上げることで、鏡のように生徒の姿を写し出す

階段の隅まで丁寧に拭き上げる。隅にたまりやすい綿ぼこりも一切ない

ありがとう」を、日々の生活で徹底することで、生徒たちは人間力を高めていくことができたのです。

「一生懸命はかっこいい！」のです。

5　学校経営の三種の神器　――掃除、挨拶、ありがとう

なぜ私が、「掃除、挨拶、ありがとう」を大事にしたか。

それは、かつて生徒の就職斡旋で、ある企業の人事担当者を訪ねた際、「福山の生徒はあいさつ一つまともにできん。そんな生徒はいらん」と、言われたことにはじまります。

悔しい。残念。でも、正面切って反論できない自分もいました。それだけ、自分たちの教育に自信が持てなかったことは否めませんでした。

そんな折、広島県と福山市では教育現場に不適正な実態があったとして、１９９８年から少なくとも3年間、是正状況を報告するよう、当時の文部省から広島県教育委員会と福山市教育委員会に、異例とも言える「是正指導」が発令されたのです。

これが教師としての私の転機になりました。本気で、自分が関わった生徒を全国に通用する人財に育てなければならないと思ったのです。

まず行ったことは、挨拶や掃除を大切にする生徒の育成でした。掃除の重要性は前の節で述べたとおり。挨拶は、大きな声で行うことは当然ですが、立ち止まって相手の目を見て挨拶できるよう取り組みました。

挨拶は「人」を、掃除は「物」を大切にすること。「人」と「物」。この二つをつないで読むと「人物」です。挨拶と掃除を一所懸命することは、人物をつくることに通じる…。

もう一つ。私が着任した学校のクラスで最初に取り組んだこと。それは「ありがとうキャンペーン」でした。

「ありがとう」は、自分の感情を相手に伝える行為であり、集団や個の自己肯定感を高めさせることができる言葉です。また、学校だけではなく、家庭内でもこの言葉が飛び交うよう、保護者にも協力を求めました。振り返ると、このキャンペーンによって、不思議とクラスに落ち着きが生まれたような気がします。

学校経営において、あれもこれも取り組まなければならないと考えた校長が、結局、何も充実させることができなかったというのは、よく聞く話です。

「シンプル　イズ　ベスト」。私が校長になったら、「掃除、挨拶、ありがとう」のような簡単な取り組みを柱に据えよう。そして、学校全員がベクトルを合わせて一所懸命に行うことに力を注ごう…。そう考えて、校長として着任した２００９年から神辺中学校、そして大成館中でも継続してきました。

「水は方円の器に随う（したがう）」というように、水に形はありません。水は、収まる器に応じた形になるのです。四角い器に水を入れれば水は四角い形になり、丸い器に水を入れれば水も円形になる。それと同じように、人は環境や、付き合う人物いかんで、良くもなれば悪くもなります。

心にもまた、形はありません。でも、心ほど形に現れるものはないのです。だから、「掃除、挨拶、ありがとう」のような、人としての基本を徹底して、形を整えるのです。

もちろん、学力向上を軽視しているわけではありません。学校は勉強をする場所だから、勉強を一番大切にするようにと職員指導ではよく話していました。ただ、学力向上ということに対して極端に効率を求めるというより、まずは学ぼうとする素地である人間力を育成してから、学力に取り組むというステップを大切にする。時には同時並行で人間力と学力の向上に取り組むこともありましたが、学校で学ぼうとする環境を第一に考えてきたのです。家作りで言うならば、これまでの取り組みは土台の部分のことです。しっかりした土台の上に揺るぎない大黒柱（授業づくりなど）を立てるのです。このような学力向上への具体的な取り組みは、前作の『方円の器』に詳しく述べていますので是非、お読みください。

人生、燦々（さんさん）と太陽が降り注ぐいい天気のときもあれば、嵐のときもあるでしょう。でも、何があったとしても、根っこさえ充実できていれば自ずと太い幹が育つ。これが、私の教育哲学の根幹なのです。

第5章
父母たちへ

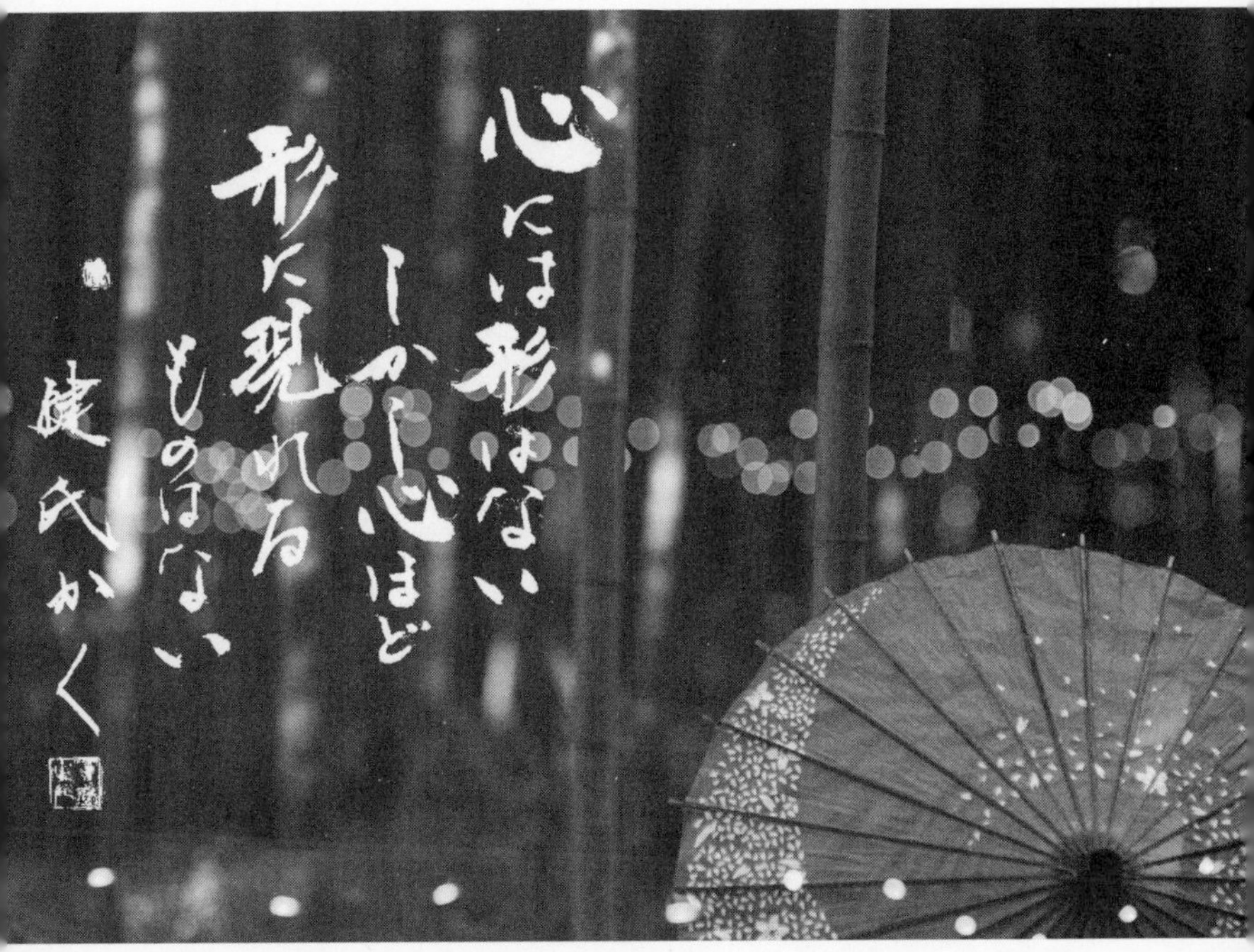
心には形はない
しかし心ほど
形に現れる
ものはない
健氏かく

1 「殺す、殺す、殺す…」――小4の女の子の漢字練習帳

皆さんに問題です。あなたなら、どう対処しますか。

あるとき、小学4年生の女の子の母親が深刻な顔で、私の元に駆け込んできました。子どもが、漢字練習帳に、「殺す」という文字をいっぱい書いていたのを見つけたというのです。

この世の中に、初めから親だった人はいません。だから、子どもとの接し方も、その場その場で学んでいくしかないけれど、クラスメートを刃物で刺すとか、信じられないような事件が次々と起きる中、こんなノートを見たら、誰しもギョッと

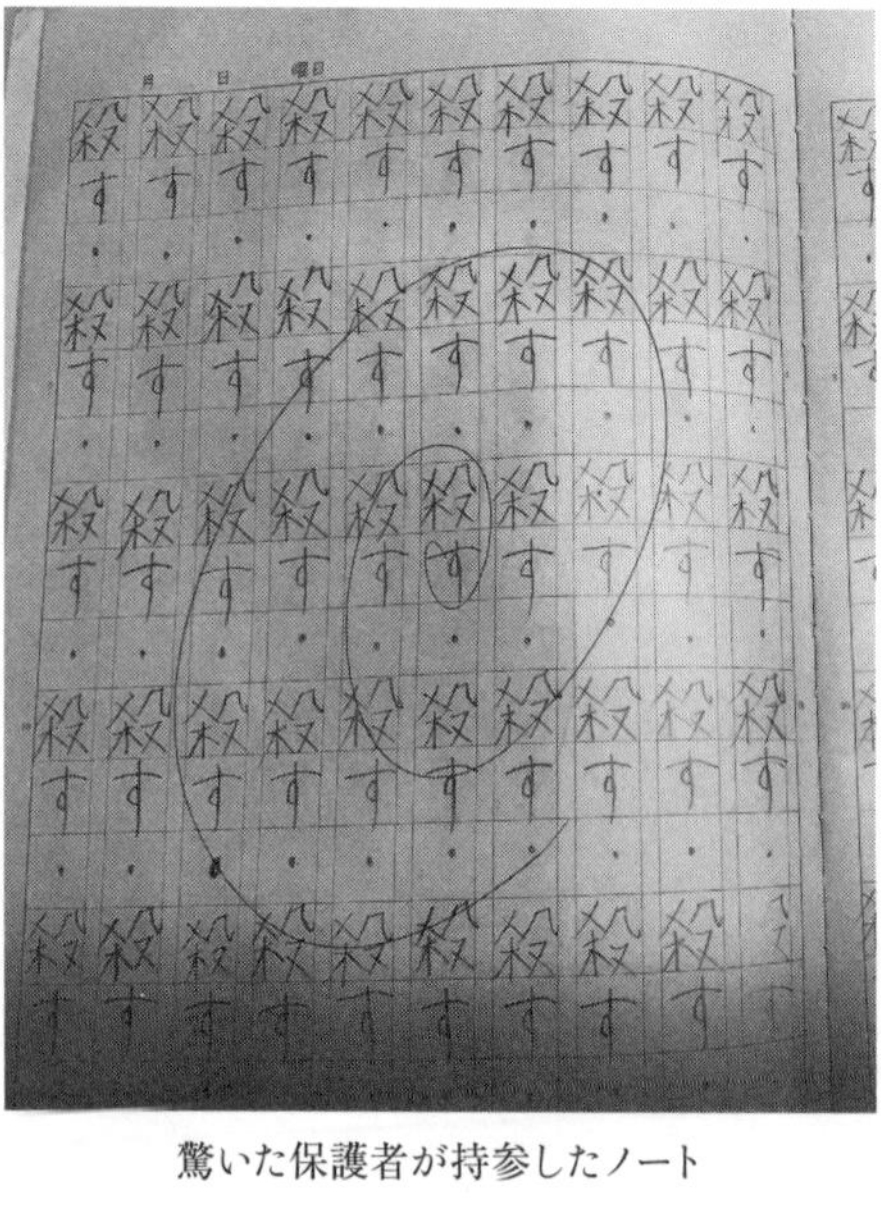

驚いた保護者が持参したノート

するでしょう。

　この母親もまた、練習帳を見た瞬間、驚いて卒倒しそうになった。そして、「どうしたものか」と、私の元へ相談に来たわけです。

　練習帳には担任の先生が「花マル」まで記入しています。
　①女児はなぜ、こんな文字を書いたのか、②そして相談された私は、どのように対応したか…。答えは次のページにありますが、ここは皆さん、本を閉じて、ちょっと考えてみてください。
　一般的に、わが子の様子に戸惑った親は、よく周りに相談します。それ自体は決して悪いことではないのですが、こうした場合、親はまず子どもに直接問うことが望まれます。今回の場合でも「なぜ、こんな漢字を書いたのか」と責めるのではなく、「この漢字帳はどうしたのかな？」と優しく聞き出すのです。

　親が、問題の解決を自分でせずに他人に任せてしまう傾向が強くなっていること。私はむしろ、その方を懸念しています。「わが子のことは、親の責任として解決に向き合う」。それが子育ての基本ですから。

　とはいえ、親が不安を抱く気持ちも分かります。私は母親に、次のように助言しました。

「この練習帳の字は丁寧ですし、先生も二重丸で評価しています。何らかの学習の一環で書いていることは間違いないです。優しく、子どもさんに聞いてみてください」

　母親が尋ねると、子どもは答えました。

「前の日の漢字テストで、間違った漢字を練習帳に2ページ分書くよう先生に言われた」

つまりこの子は「殺す」という字しか間違えていなかったので、こんな練習帳になったというわけでした。

母親の相談を受けた私がポイントだな、と思ったのは、「大人の思い込み」です。仮に、この文字が「殺す」ではなく、「遊ぶ」だったらどうか。たぶん母親も大騒ぎするようなことはなかったでしょう。

皆さんも、子どもに対して大人の一方的な思い込みで、決めつけていることはありませんか。社会の状況に過敏に反応しすぎて、親が「これはいけない、あれはいけない」と、子どもの行動や発想に変な足かせをはめ、親自身が子どもの自由で伸びる能力を奪っている事例を、私は数多く見てきました。

それは、教育熱心だと自負している親に多く見られます。実際、相談を受けても、「自分は正しいことをしている」と自分自身の行動に疑いを持とうとされない方は、話をしていて解決が難しいな、と感じることもしばしばでした。

子どもをどれだけ信じられるか、親も試されているのです。子どもに寄り添う気持ちを持って、しっかり聴いてあげれば大丈夫、たいていのことは解決できますよ。

2　親として子にどう向き合うか　――教育講演会より

この一文は、２００１年、私が広島県神辺町教育委員会で仕事をしていた頃、小学1年生の子を持つ保護者を対象にした教育講演会の一部です。当時、42歳でした。

皆さん、こんにちは。実を申しますと、私も小学1年生の娘がおりまして、今日は皆さんと同じ立場で、一緒に子育てについて、また親のありようについて考えさせていただければと思います。

私は現在、神辺町の教育委員会で仕事をしておりますが、今年の3月まで、神辺西中学校で3年生の学年主任として、生徒指導の最前線におりました。昨年度、生徒に「出席停止」を命じたことで神辺西中学校は大変注目され、全国的にも報道されたことは、皆さんもよくご存じのことと思います。

「あのニュースは本当なのか」「先生、頑張って」「先生がおって何しとるんなら」――。あの報道以来、多くの方からさまざまな声をかけていただきました。報道された西中の実態に、「うわー、そんなに酷（ひど）いん」と驚かれた方もおられるでしょう。

喫煙、公共物破損、授業妨害、先生や仲間に対しての暴力――。本当に、多くの問題行動に直面しました。今日は、西中でどのようなことが起き、どう学校が変わっていったのかではなく、西中での出来事を教訓にして、親として子どもにどのように接し、何を教え、育てていかなければならないのか…。私が今まで経験したことも含めて、いま考えていることを、お話しさせていただければと思います。

親も怒鳴り上げた

まず、「子どもがキレる」とよく言いますが、本当にキレているのでしょうか。私も暴れまわったり、モノにあたったりする子どもたちに直面してきましたが、実は暴れながらも子どもたちは先生や周りの大人の様子をちゃんと見ているんです。

「この先生は怖いから黙っておくけど、あの先生はあまり怒らないから、自分のわがままを通そう」とか…。腕力の強い先生には刃向かっていかないというのは、相手を見、計算を働かせて暴れているということです。こういう状態、キレるとはいいませんね。

タチが悪いのは、相手がどのような状態なのか、関係なしにやってしまう場合です。妊娠されていた先生を階段から突き落とした生徒がいました。このときは私も当然、その生徒を怒り、親もまた、怒鳴り上げました。

なぜ、親に対して怒ったのか。私たち親は、子どもの行動に対して全責任を負っているからです。

子どものやったことを、「あれは子どもがしたことだから、なんで自分が謝らなきゃいけないんだ」と不服を言い、納得されない方もおられますが、それは間違っています。ましてや相手は妊娠されている女性。最も大切にされなければならない、新たな命まで奪ってしまいかねない行為だったからです。人間の「いのち」にかかわることについては、周囲の大人は、全力でその間違った認識を子どもに教えなければなりません。

昔の「荒れ」と違う

最近の子どもの「荒れ」は、かつて私たちが育った頃の「荒れ」とは違うような気がしてなりません。

昔の「荒れ」には、大人の側にも幾分かは納得できる理由というものがあり、「荒れ」る生徒の方にも「あの先生には恩義があるから、注意されたら聞いとこうか」といった、お互いの人情のようなものが残っていました。でも今の「荒れ」は、自分のわがまま、やりたいことをごり押しするためだけのものになっています。

授業中、廊下でキックボードをしていた生徒がいました。私たちは当然、注意し、キックボードを取り上げようとします。すると、生徒は暴れはじめます。

「どこで乗ろうが、わしの勝手じゃろうが」「やりたいけぇ、乗りよるんじゃ」。さらには「おまえらには関係にゃあわ」と必ず悪態をつきます。

そして結局、取り上げられると、腹を立てて先生たちにつかみかかり、なぐりかかります。それでも返してもらえないと、教室のドアとかロッカーを壊したり、先生の私有物を壊したり…。自分がやりたいことをやって、自分の思い通りにならないと、別の方法で憂さを晴らす。相手に迷惑がかかるとか、ルールを守ることなんて、一切頭の中にはありません。

当時、こういう生徒を見て校長と、「姿かたちは中学生でも、心は幼児のまま。神辺西託児所じゃの～」という話をしたのを覚えています。まさに、自分のほしいおもちゃを買ってもらえない子どもが、おもちゃ売り場の前で床に寝そべってダダをこねている状態なのです。

家でルールを教えているか

こんな中学生をなんとかしようと思い、連日、家庭訪問をして保護者と話し合いを繰り返しました。すると保護者はよく、「家ではいい子なんですがねー」と言うんです。

そりゃ、そうでしょう。いい子のはずです。家では、小さい頃から好きなように生活し、欲しいものを買ってもらっている。どの家もモノであふれているし、ファミコンに熱中していると何もしゃべらないから、家ではおとなしいわけです。ときには、親が「モノで釣る」ことだってあるでしょう。「次のテストでいい点をとったら、携帯電話買ってあげるからね」とか。情けない限りです。

しかし、たくましく生き抜く力をつけなければならない時期に、こんなことでは将来、社会の中でまともに生きていくことなんてできません。社会には必ず、ルールというものがあります。われわれはこのルールの中で生活しています。学校にも当然ルールがあり、それは守らなければならないのです。無意味なルールなんてないのです。

ルールというのは、すべての生徒が安心して過ごしやすく、そして自らの力を高めるためにあります。だから、サッカーにイエローカードやレッドカードがあるのと同じように、ペナルティーが与えられるのは当然です。でも、家庭の中で自由気ままに生活している子どもにとって、このルールを守るというのは、とても窮屈に思えるのかも知れません。

自己中心的な生徒が多くなってきていると感じます。でも、考えてみてください。そうさせているのは、周りの大人たちではないですか。

朝、お子さんを幼稚園や保育所に車で送ったり、一緒に買い物に行ったりするとき、前の車が初心者の方なのかゆっくり進まれていると、「何をゆっくり走っとるんなー。そこをどかんかい、このボケ！」と言うとか、おばあちゃんの飛び出しに、「このババー、危ねーじゃねーかよー、バカたれ」なんて言葉を口にしたことがありませんか。

車に乗っているわが家の方が正しく、周りの車がわが家の車に迷惑をかけている。こんなことを考えている親の言葉を日々聞いて育った子どもは当然自己中心的な子どもになるし、「おじいちゃん、おばあちゃんを大切にしましょう」なんて言葉が、とってもうそっぽく聞こえる子どもになるでしょうね。

帰宅した子どもに、「誰かにいじめられなかった？　学校の先生は優しい？　みんな、仲良くしてくれた？」と聞きますか。それとも「誰かをいじめなかった？　先生や友だちに迷惑をかけなかった？」と聞きますか。

前者には、周りの人間は迷惑をかけるかもしれないけど、わが子は迷惑をかけない正しい存在であるという意識が見えませんか。ちょっとした言葉が、わが子を自己中心的な存在にさせている。そんなことでは、社会の中で必要な、みんなと協力しながら人生を切り開いていく「生きる力」は育めないでしょう。

きちんとした生活習慣

私は中学校でサッカー部の顧問をしていました。多くの選手を見てきましたが、この子は高校へ行って伸びるだろうという選手はわかるんです。

高校の厳しい環境のなかでもサッカーが続けられる選手は、技術だけでは通用しません。中学生レベルでちょっとうまい程度では、高校ではそうそう通用しないんです。

あるサッカーで有名な高校の監督が、こんな話をしていました。

サッカーの技術も必要だけれども、自分の学校に欲しいのは、それ以上にきちんと生活ができる選手だ、と。きちんとした生活ができるとは、まず好き嫌いなく食べる習慣、ちゃんと寝て自分で起きる習慣がきっちりついていること。次に、相手の目を見て話が聞けて、挨拶が大きな声でできていること。他人の注意や忠告に素直であることだ、と。

つまり、人間として当たり前のことを、15歳までに習慣化させることができているかどうかが、問われているんだろうと思います。

これは友人から聞いた話なんですが、福山トレセンといって、福山での中学生代表チームが韓国にサッカー遠征したことがあります。このときは、いつも福山では活躍していた選手が不振だった一方で、控え選手が大活躍しました。

トレセンの監督によると、その差は韓国料理が食べられたかどうか、また、違った環境でもちゃんと眠ることができたかどうか、だったそうです。

普段から人間として当たり前のことを当たり前のように、子どもたちにきちっと身に付けさせることができているかどうか。まさに家庭での教育力が問われているのです。

子どもの躾は親の仕事

春、家庭訪問があったと思います。私も、「先生、よろしくお願いします。先生にお任せしますので、ビシビシやってください」「少々、なぐっても蹴っても構いませんから、厳しくお願いします」など、いろんなことを言われました。

でも、教師が生徒に体罰を加えることはできません。子どものしつけは親の仕事だからです。

親の仕事と学校の仕事がごちゃ混ぜになっていることが多くなっているな、と感じています。

例えば、学校には給食がありますから、学校でも先生は生徒の好き嫌いをなくそうと指導はします。でも、それは本来、家庭でのしつけです。中学生が朝、顔も洗わず歯も磨かず学校へ行くからといって、学校の責任とはならないのと同じことです。

こんなことを言う親もおられました。

「私の息子がグレたのは、あのときの先生の注意の仕方が悪かったけぇ。あのとき、先生がもっと子どもの立場に立って言うたら、うちの子はああまでならんかった」

びっくりしましたね。この母ちゃん、マジで言うとるんかいと、わが耳を疑いましたよ。先生に影響力がないとは言いませんが、先生の叱り方をうんぬんする前に、もっと問題にすることがあるでしょう。

「小学校のときはよかったのに。中学になって崩れたんですが、どんな指導をされたんですか?」と、いかにも中学校が問題行動をさせたと言わんばかりの親もいます。

私も、すべてにベストな指導ができたとは思っていません。でも、仮に私たちの指導の仕方に問題があったとしても、教師の一言で生徒の生活が崩れることって考えられますか。

だったら私の周りは、問題行動を起こす子どもであふれているでしょう。生活が崩れるきっかけになることはあるかもしれませんが、最も大きな要因は、生まれたときからのしつけなど、生活していく力が欠けていることの方が大きいと思います。

中学生になった子にしつけしようと思っても、なかなか受け入れられないことが多いのです。

0歳から6歳までは子どもが愛情を受ける時期、その後12歳までがしつけを受ける時期、そして12歳以降は個性を伸ばす時期といわれています。「鉄は熱いうちに打て」ということわざ通り、ものごとにはタイミングがあります。つまり、小学生になった今がチャンス。家庭でしつけに力を注ぐ必要があるのです。

「子どもは親の背中を見て育つ」というように、子どもは親のしぐさから生き方まで、よーく見ています。昔と違い、今は親の生き方が見えにくい社会であるのは確かだけれども、そんな環境下でも、子どもは親を見ています。

あるお父さんから、悩みごとを打ち明けられたときのこと。たばこを吸っては消し、また火をつけたかと思うと消す、これを何度か繰り返した後に言われるのです。

「先生、うちの子はどうして、こうも落ち着きがないのですかね。もう少し落ち着いてやれば、勉強ももっとできるのに…」

私に言わせたら、お父さんの方が落ち着いていないんです。

お父さん、あんたがもっと落ち着かにゃいかんでしょう。子どもは親のいいところばかり見てるわけではないのですよ。どういうふうにしたら、お金をもらえるのか、ファミコンを買ってもらうには、親にどう迫っていくかとか、親の弱みみたいなものもしっかり見ているんですよ、と。

なかには、親との力関係を読み、自分の方に力があると確信すると、親に対しても強硬な態度に出る中学生もいます。言葉でののしり、わがままが通らないと暴力に訴える。いわゆる家庭内暴力です。

やはり親ですから、子どもの悪いところは悪いと、きちんと小さいときから教え続けなければなりません。叱るときはこの子の将来を思い、毅然として叱ってやることが大切だと思います。それは、児童虐待とはまったく異なるものです。

「親になる」努力

親である以上、さまざまな問題に直面されるでしょう。人の親である私も同様です。

子どもが誕生したら、物理的に親になりますよね。でも人間は、そこからさまざまな過程をへて、親になっていくものだと思います。物理的に「親である」ことではなく、子どもの自立のための「親になる」努力を私たちはしなければならないのです。

ニーチェという哲学者は「夫婦とは長い会話である」と語りましたが、人間同士の結びつきを強める基本は、お互いの共通体験と会話だと思います。同じ時間を過ごし、互いの思いを言葉で確認し合う作業を続けなければならないのです。

家族だからといって、いつでも会話ができるとは限りません。夫婦だってそうでしょう。結婚前の恋愛期間中は、そんなに努力しなくても、お互いの気持ちを会話で確認できたと思いますが、結婚して10年ぐらいたちますと、お互いに努力しないとなかなか話が盛り上がらない、なんてことはないですか。親子だから、子どもの方からいつまでも話し掛けてくれるという保証はありません。そこには親としての努力がいるのです。

最近、わが家では、娘たちと散歩や山登り（トレッキング）をあえてするようになりました。散歩している時間は、ゆったりと時が流れ、会話できるからです。山登りともなると、一緒にしんどいおもいをして美しい景色をながめるという共通体験をするわけですから、家に帰っても会話が弾むんです。

先日は、小学校1年生の娘と近くの国分寺に散歩に行きました。たくさんあるお墓を見ながら歩いていると、「父さん、いろんな形のお墓があるねー」。

中に、頭のとがったお墓がありました。「あのお墓は、戦争で亡くなった人のお墓だよ」と教えると、「戦争で死んだということは、弾に当たったたんかなー。戦争はなんで起きるんかなー」。

戦争のことを少し話してやりました。すると娘は戦争で亡くなられた方のお墓を数えて、「こんなにいっぱいあった」と、驚いていました。散歩から帰ると、姉たちに知ったことを自慢していました。会話するにもお互いに努力がいるのです。

親同士の横のつながり

ある生徒が不登校になってしまいました。親はとても焦（あせ）ります。どうしていいかわかりません。

そのお母さんは自分を責められました。自分の育て方が悪かったのだろうか、この子をこういうふうにさせたのは自分のせいだと思われたのです。また、子どもが学校を休むことで世間から変に思われているだろうという恐怖感もあったのでしょう。

夫婦で、お互いの責任を責め合われたこともありました。子どもも、学校へ行けないことへの罪悪感のようなものから部屋から出られなくなり、家の中が余計暗くなっていました。

この家庭とは、いろんな取り組みを一緒にしました。子どもが変わるためには、親がふさぎこんだままでは可能性は見えてきません。まず、親が元気を取り戻すことです。そのために、同じ悩みをもつ親の保護者会をつくり、お互いの悩みを言い合える親同士の横のネットワークづくりをしました。

その場は、先生が参加したり親だけで話したりと、形態は自由にしました。ときには一緒にバーベキューをするなどして、まず親が家から出る機会、学校へ来る機会を増やしていきました。

先進的な取り組みも紹介し合いました。さらには、中学生ですから進路先について考えるなど、そういう具体的な事例を中心にして考えていきました。

親が変われば、子どもも変わります。

親同士の横のネットワークを、しっかりつくってください。そのためにはまずは学級会に参加して、お互いに話し合える関係、悩みが出し合える関係をつくる努力がいります。わが子さえよければそれでいい、という自己中心的な考えがあると、横のつながりは崩れてしまいます。子どもたちの姿を学校で一番よく知っているのは担任です。担任の先生と協力して、子どもを見つめていってください。

担任批判はプラスにならない

保護者の中には、子どもの前で平気で担任の批判をする方がおられるかもしれませんが、それは子どもにとって決してプラスにはなりません。

生活態度が崩れ、担任の先生がいくら注意しても反発ばかり繰り返している生徒がいました。当然成績もガタ落ちです。なぜ、その子がそうなってしまったのか、私は不思議に思いました。

調べてみると、担任が頼りないだとか、去年の方がよかっただとか、あの担任で本当に進路が大丈夫かなどと、お母さんが子どもの前で担任批判をされていた様子。子どもにしてみれば、この担任の言うことなんか聞いても仕方ないや、という気持ちが高まったんだろうと思います。

子どもが親の担任批判をそのまま信じてしまい、子どもが担任を信用しなくなれば、結果としてそのお子さんの教育効果も減少します。教育の効果を高めるのは、教師と生徒のお互いの信頼関係なんです。その信頼関係が崩壊したことによって、一時的ではありますが、生活態度が崩れた例は他にもたくさんあります。

結局、一番損をしているのは、親でも担任でもなく、成績がガタ落ちしたその子自身ですよね。担任も人間です。努力をしてもうまくいかないこともあります。言いたいことがあれば、子どもに聞こえないところで直接、担任の先生に言われたらどうでしょうか。きっと、解決策は見つかると思います。

「問題行動」も大人の接し方で変わる

「問題行動」という言葉を、よく使います。私もよく使います。でも、問題行動は、本当に「問題」だけで終わってしまうのでしょうか。子どもが問題を起こしたとき、それを問題としてのみ片付けるか、明日への成長の糧（かて）にすることができるかは、私たち大人の接し方、考え方で変わってくると思います。

ある日、校内を巡回指導しているときに、私のクラスの生徒が校門でタバコを吸っているのを見つけた先生がいました。3年生の3学期、受験前の最も忙しいときでした。見つけた先生は私に「すいません」と頭を下げるのです。

この意味、わかりますか？

西中学校では喫煙を見つけると、本人に個別指導をし、必ず保護者に学校へ来てもらい説明するとともに、保護者と生徒を一緒に指導していました。場合によっては、私たちの方から家庭に出向いて話し合うことも、しばしばでした。

当然、私たちも夜が遅くなります。受験前の時期は、ただでさえ進路指導で普通に仕事していても午後8時や9時になるのに、タバコの指導も加わると、さらに仕事が増えるのです。そういう状況を想像して、自分が見つけたばかりに余計な仕事を増やしてしまったという思いから、その先生はそういう言葉を発したのです。

私はその先生に言いました。

「いや、ありがとう。喫煙を見つけてくれたおかげで、あの子と膝を交えて話をすることができる。仕事が忙しくて、ゆっくり話をすることもできなかった。どうも最近、様子がおかしく心配していたんだ。この機会をチャンスと思い、話し合ってみるよ」

この生徒の場合も、本人と話をして事実確認をしたのち母親に学校に来てもらい、お話をさせてもらいました。母親も、最近の子どもの様子に不安を感じてイライラしていたようでした。

この喫煙をきっかけに、私は生徒の生活態度について、勉強のことはもちろん、将来の進路も含めてじっくり話をすることができ、親子を励ますことができました。

この結果、彼の生活態度は改善。勉強にも打ち込めるようになり、自分で希望した高校に入ることができました。あのとき、もし喫煙が見つかっていなかったならば、親子ともどもイライラした気持ちを処理できずに卒業式を迎えていたでしょう。進路先も、実現できたかどうか。まさに、彼にとってピンチはチャンスだったのです。

サッカー部の遠征

1月、西中のサッカー部で四国に遠征しました。その遠征では、四国の強豪チームが集まり、カップ戦を行うのです。西中も招待されたので喜んで行きましたが、なにしろ相手は強いチームばかりで苦戦の連続でした。

カップ戦では、高知県の明徳義塾という強豪チームと試合をすることができました。試合の前夜、明徳の監督さんとサッカーについて話をしていると、西中のサッカー部をえらく気に入ってくださったのか、「強い、弱いではなく、チームとしてとても気に入ったから、明日は最後まで全力で戦います」と言っていただきました。

全国に名をはせたチームがベストで戦ってくれた結果、前半終了時のスコアは0対7。サッカーでこれだけ点差がつくことは珍しく、前半が終わりベンチに戻った選手はみな顔を伏せ、〝みじめだ、早く神辺に帰りたい〟という雰囲気でいっぱいでした。

ハーフタイム。私は活を入れました。

「相手のチームが全力で戦っているのは、お前たちを尊敬しているからだ。お前たちが最後まで一所懸命闘う気持ちを前面に出し続け、仲間を信頼していれば、道は拓(ひら)ける。このままおめおめと神辺に帰れるか！」と。そして「何か一つでもいいから、相手のチームの素晴らしいところを盗め。相手より勝るところを見せてみろ。くやしかったら、声の大きさだけでも相手に負けるな」と。

明徳は最後まで力を抜かなかったため、後半もこちらは攻められっぱなし。悔しくて、泣きそうになっていた子もいました。

でも、相手のスピードにだんだん慣れてきたのでしょう。後半の結果だけ見れば0対1。しかも、前半、シュートは0本だったのが、後半は相手コートにも攻め入り、決定的なチャンスを何回かつくることもできました。

試合後、明徳の監督さんから「いいチームです。闘ってるチームです。だからこちらはベストで戦わせてもらいました」という言葉をいただいたときは、とてもうれしかったです。

点差がこれだけ開き、ワンサイドゲームで負けると、チームがガタガタになり、修復も難しくなることがあります。でも、このときの悔しさをバネに、あの子たちは猛練習を始めました。すると、2月に行われた福山地区北部での定期戦で、準優勝。それは、カップ戦で大敗したというピンチがあったからこその準優勝だったと思います。

担任はいい事例をたくさん知っている

お子さんが問題を起こすと、たいてい保護者の方は、「なんでうちの子が」「あの子とおるけー、うちの子まで悪くなる」と他人に責任を転嫁される方が多いです。でも、こんな考え方では、ピンチをチャンスにかえることはできません。

問題はその子の問題であり、保護者の問題として、まずしっかり受け止めてください。そこから今まで足りなかったことを、お互いに補う努力をしていくことが大切なんです。自分が「善」で他人が「悪」、自分が正義で、他人に責任があるとだけ考えていると、子どもをよりよく導くことは難しくなります。

「担任というのは子どもと学校との窓口であり、心配ごとは何でも相談してください」

私は保護者にはいつもこう言っていました。

もちろん子どものしつけについても、相談されたらいいと思います。学校の先生は、しつけを主体的にするわけではないけれど、ほかの親が実践されている、いろんないい事例をたくさん知っているから、アドバイスをもらうことはできます。家では好き嫌いをなくすためにこういう努力をしているから、学校でも協力してほしいとか、どんどん連携していく方が賢明だと思います。

ただ、しつけをする主体は家庭にあるということは、よくよくご理解いただきたいのです。担任には1年間の契約しかありません。最終の責任は、親がとるのです。

安易な優しさは
堕落を生む
健氏かく

3 「とし子…」

母と子にまつわる逸話はいろいろありますが、今回は『聖地巡礼ビギニング』（釈徹宗、内田樹著・東京書籍）という本にあった話を、かいつまんで紹介させてください。

戦後間もない頃のこと。

あるお坊さんがバス停まで田舎の一本道を急いでいたら、前におばあちゃんと若い女の子が歩いていました。追い抜こうにも追い抜けず、後ろを歩く形になるうち、おばあちゃんが女の子に話しかける声が…。

「ええかー、とし子。向こうに行ったら水が変わるから、飲み物、食べ物に気いつけな」

「人さまのもんにはどんなに欲しくても、万が一にも手を出したらあかんで」

「おまえは末っ子やから、帰ってきても家が困るから、どんなに辛いことがあっても辛抱せなあかんでー」

とし子さんは、その言葉に黙ってうなずきます。

おばあちゃんと思っていたら、娘だったのか。それにしても大きな荷物だな。集団就職かなんかで、どこかへ行くんだろうな…。

　そんなことを考えながら、しばらく歩いていると、また「ええかー、とし子…」。一字一句違わずに繰り返される言葉に、とし子さんもまた、黙ってうなずく。しばらくすると、また「ええかー、とし子…」、そんな光景が何度も繰り返されました。

　やがてバス停に到着すると、自然と3人でベンチに座る形に。そのときはじめてとし子さんの横顔が見えました。髪をぎゅっとくくって、ほっぺたも赤い、まさに15、6歳ぐらいの女の子でした。

　黙ってベンチに腰掛けていたら、また「ええかー、とし子…」が始まりました。

　やがてバスが到着。お坊さんがとし子さんと一緒にバスに乗り込むと、とし子さんは窓の方に行きたそうなそぶり。「あ、そうか。お母さんと最後のお別れをしたいんや」。そう思ったお坊さんは、満員の客をかき分けてやり、とし子さんがなんとか窓の所に行けるようにしました。

　窓を開け、バーッと身体を乗り出したとし子さん。それに気づいた母親も、窓の方へダーッと駆け寄ってきました。

　母娘の視線が交わった瞬間、母親は「ええかー、とし子」。でも、今度は、その後が違った。

「つらかったら何時(いつ)でも帰って来いよー」

「お母さんっ！」

　あとにも先にも、お坊さんがとし子さんの声を聞いたのは、この1回だけでした。

　この母娘のやりとりには本音と建前という、実に日本的な関係性が表れています。母親は、世間体や一般的に考えられていることを、自分に言い聞かせるように何度も繰り返す。そして娘もまた、そのことを理解している。でも、別れる直前になって初めて母親は、「つらかったら帰って来い」と本音を吐露した――。

　言葉を絶対化せず、このような言葉にならない深い思いを大切にする日本。日本語の婉曲的な物言いは、相手を尊重し、自分の考えを押し付けない寛容の心の反映でもあると思うのです。

　でも近年では、「自己中心的な文化」が押し寄せ、人間関係を大切にし、相手の気持ちや立場を配慮する「間柄の文化」が薄れてきているのではないでしょうか。それが道徳の低下につながらなければよいが、と私は危惧しているのですが…。

4　心を形に　――500枚のハガキに託した母への気持ち

ある教師から次のような話を聞きました。


自分の思いを相手に伝えるには、思っていることを形にしなければいけません。

心を形にしたものが、私にとってハガキだったんです。

母がガンを患ったのですが、遠くで暮らす私は見舞いにも行けず、母の力になりたいと思っても何をすることもできませんでした。

そんなとき、ハガキを母親の病床に届けようと思い、毎日書き続けたのです。

闘病生活の間、私は500枚近くのハガキを母に送りました。母は私のハガキを毎日楽しみにしていたと、家族から聞かされました。残念ながら1年3カ月後、母はこの世を去ったのですが、手書きのハガキを送ることで、少しは力になったのではないかと思います。

この経験から私は、教育においても、手間暇かけることの大切さを学びました。手間暇かけることで、生徒の自己肯定感は高まると思うようになったのです。

彼の話に、私は感動しました。

手間暇とは、「ＷＨＡＴ」ではなく「ＨＯＷ」。つまり、この教師が何を母親に伝えたかではなく、どのように伝えたかが重要であるということです。

ハガキの内容は毎日、日々の思いをつづったり、激励をしたりしたものでしょう。

しかし、母親にとっては内容よりも、愛する息子が自分のために、毎日毎日、机に向かい、貴重な時間を割いて書いてくれているということ。この行為が何にも増して、母親を勇気づけていたと思うのです。

今は、子育てする上で、便利で時間短縮できるものがたくさんできています。それはそれで、いいのです。しかし、便利なものを活用することと、手抜きすることは全く異質なことなのです。

親は、自分が便利なものを活用しているのか、手抜きをしているのか、見つめる必要があります。

私は彼に、人間同士のつき合い方の原点を教えてもらいました。

教育とは奥が深く、毎日が発見です。

私は、こんなことを一人思索しては、自宅の庭に置いたたぬきに聞いてもらっています。こちらの彼も、私のよきパートナーなんです。

話し相手をしてくれている庭のたぬき

5　褒め方7カ条　――教えるプロからのアドバイス

一般に褒め方が下手といわれる日本人ですが、生徒をどのように褒めるかは、教師をする上で大きな課題の一つです。褒め方のうまい教師は、生徒からの信頼も厚い。「子どもの褒め方7カ条」は教職員によく話していましたが、家庭での子育てにも活用できるのではないでしょうか。

【その1＝具体的な事実に基づく】

何を褒められたのか分からなかったり、いいかげんなことを褒められたりすると、逆にやる気をそがれることがあります。行動や心掛けがどのように良かったのか。その事実を具体的に例示することが大切です。

【その2＝努力を褒める】

担任が教室で、Ａという生徒の行為を褒めます。すると、Ａが真剣に努力していたことを知っている生徒たちもまた「自分も頑張れば、Ａみたいになれる」とやる気が湧きます。善い行いは褒める教師だけでなく、周りにいる生徒もうれしい気持ちにさせると分かると、Ａの自己肯定感と、学級の雰囲気が同時に高まります。

【その３＝タイミング良く】

時機を逸すると、褒められても「何をいまさら…」と、興ざめします。「鉄は熱いうちに打て」ということわざ通り、言葉巧みな褒め方より、タイミングが大事です。

【その４＝過程を重視】

結果だけを見るのではなく、たとえ失敗したとしても過程を褒めましょう。そうすれば、生徒はもう一度、挑戦してみようと思います。

【その５＝次の目標を与える】

さりげなく次の目標を与えると、生徒たちも進むべき方向が見え、新たな動機付けにつながります。その際、設定する目標は、少し高い程度にしてあげるのがポイントです。

【その６＝他の生徒の前で】

良いことは多くの目の前で褒め、悪いことは個人的に叱る。これは鉄則ですね。

【その７＝第三者を介する】

生徒は担任から直接褒められるのもうれしいのですが、間接的に「○○先生が君のことを褒めていたよ」などと聞くと、さらに喜びを感じます。第三者を介した情報は信憑性が増すという心理的効果に加え、より多くの人に感謝されたり、自分が認めてもらっていると知ることで自己肯定感が高まるからです。

特に、会話が不足している親子の場合に、私はこの手法をよく使いました。

生徒が善い行いをした日の放課後に親に電話し、具体的な事実を伝えて褒める。

「先生からこんな電話があったよ」

その日の親子の夕食の雰囲気、想像つくでしょ。親が自分のことを評価し、認めてくれた。そう思えば、その子が優先する行動基準に「誰かを喜ばせること」が入ってきます。

これは問題行動のある生徒を指導する際にも応用していました。

問題行動で手がつけられなくなった生徒は、担任と対立してしまうことがよくあるのです。教師側から見れば、担任は、その子のことを思うからこそ厳しく指導するのですが、その思いが本人に伝わるとは限りません。

そんなとき、第三者である管理職や主任・主事が、その生徒に「担任は、君の○○な点が、とてもいいところだと褒めていたよ」と伝える。すると、頑（かたく）なだった生徒の気持ちが和らぎ、その後の指導がスムーズにいったことが何度もありました。

なにはともあれ、寄り添う気持ちがあっての7カ条。「子どもの可能性を信じて、日頃の行動をじっくり見ておかなければ、隠れた努力や良さは見えてこないよ」。教職員にはそう伝えていました。

６「ボールはいりません」——マダガスカルからの手紙

アフリカにマダガスカルという島国があります。世界で４番目に大きな島で、面積は日本の１・６倍ほど。かつてこの国に青年海外協力隊員として赴いていた私の教え子から来た手紙を紹介します。

今、体育教師になっている彼は中学時代、サッカー部のキャプテン。現地でもサッカーを教えていました。ただし、学校にあるボールはたった一つだけとのこと。「ならば、ボールを寄付しようか」と申し出たのですが、返ってきたのは、「ボールはいりません」という意外な言葉でした。

明けましておめでとうございます。僕はマダガスカルで元気に生活しています。

こちらで新年を迎えましたが、テレビは見ていないし、新年を祝うような街のイルミネーションもほとんど見られないので、あまり新年を迎えたという気がしません。それに今、マダガスカルは夏。暑いなかでの「正月」に、新年を迎えたという実感がわきません。

活動の方はといえば、日本同様こちらの学校も今休みなのですが、それまで一日中、毎日のように中学校で体育を教えていました。週に何コマかは一人で授業するのですが、マダガスカル語がなかなか通じずに生徒に迷惑をかけてしまったり、それが原因で授業がうまくいかなかったりで、悩むことも多くあります。

それでも最近はだいぶ慣れ、ある程度思い通りに授業を行えるようになってきました。来年3月帰国予定なので、まだこちらで1年少々活動をすることになります。焦(あせ)らずに、自分にできることをコツコツやっていきたいと思います。

以前、先生にいただいたメールのなかで、ボールなどの寄付を提案していただきました。協力隊員の活動に理解を示していただき、ありがとうございます。

確かにボールは少ないのですが、そうした環境のなかでも、子どもたちが楽しめる体育の授業を行うことが僕のやるべきことだと思っています。そして、それを他の先生に伝えていくことも大切なことだと思うんです。

僕がマダガスカルにいる間にボールを寄付していただき、それを授業で使えば子どもたちにとって非常に魅力的な体育を行えると思います。ただ、僕が帰ってしまうとボールは劣化品ですからどんどん壊れていき、いずれまた、最初のボールが無い状況に戻ってしまいます。

なので、ボールが少ない状況でも、指導方法の点で工夫を凝らしていく方が大事だと思うのです。最近、ペットボトルと新聞でできるボールの作り方を同期の隊員から教えてもらったので、それを実際に作って体育の授業で使ってみたいとも思っています。

ただ、何かイベントする際、日本の物品が必要になることがあるかもしれません。そうした際に、ご協力を仰ぐことは可能でしょうか。まだ、具体的に何をやるか考えているわけではないのですが、もしそれを行う際には、事前にご連絡させていただきます。

先生はお元気にされておられますか。今、日本はすごく寒いようですね。家族から聞きました。お体にはお気をつけて、先生のお仕事頑張ってください。


教育にとって、対象者を自立させることは、最重要課題の一つ。だからいろんなやり方で手を差し伸べることがあるのですが、現実には、よかれと思ってやったことが、相手のためにならないことがあります。

学校でいえば、それは生徒だけでなく、保護者に対しても言えること。子どものしつけにまで教師が手を入れすぎたために保護者が周囲に頼り切り、自ら何もしなくなるケースが多くなっていると感じます。保護者も親として成長（自立）してもらわなくてはならないのです。

とはいえ、学校として何も手を施さなければ、子どもを取り巻く環境は変わりません。たくましく成長した教え子の姿勢に喜びつつ、生徒が育つ環境を変える方策の一つとして、私が学校に取り入れたのが、「子どもがつくる〝弁当の日〟」でした。

上段：「一生懸命はブラボー！」というテーマの下、大中文化祭でステージ発表をする生徒たち
下段：生徒全員で声の限り歌う。この後の講評で、全身全霊で校長が「ブラボー！」と叫び、文化祭を締めくくるのである

第6章

子どもが作る
“弁当の日”のドラマ

クラス全員で、「ハイ、ポーズ」

1　それは、生徒の宣言で始まった

朝、早起きして、子どもが自分の弁当をこしらえ、学校で皆と食べる「子どもが作る〝弁当の日〟」。①子どもだけで作る②小学校5、6年生のみ③月1回、年5回——を決まりに、2001年、香川県滝宮（たきのみや）小学校で竹下和男校長が始めた取り組みです。

たいていの学校では、学校やPTAなど大人主導で展開されていましたが、大成館中学校で〝弁当の日〟をスタートさせ、推進したのは生徒会保健委員会だったのです。

〝弁当の日〟を行うことが決定したのは、14年5月のこと。竹下先生とは以前、食育フォーラムでご一緒したご縁があり、本校にお招きして全校生徒でお話を聞いたのがきっかけでした。

全国で講演活動されている竹下和男先生（提供：宝肖和美）

竹下先生の話の内容を一言で言えば、「置かれた場所で咲きなさい」。水を打ったような静けさで、その優しく、感動的な内容に生徒も教師も聞き入りました。

会を締めくくったのは生徒会あいさつ。そこで保健委員会委員長が、こう宣言したのです。

「先生のお話しを聞いて感動しました。本年度中に必ず弁当の日を実現させます！」

打ち合わせは全くなし。「やった！」。私は心の中で、拳を握ったのですが、ほかの教師たちは「えっ！」という驚きの顔。竹下先生を迎えるにあたり、〝弁当の日〟を実践してみてはどうだろうという雰囲気は醸成されつつありましたが、まさか生徒の口から、突然、こんな宣誓が出るとは思ってもみなかったからです。ただ、生徒の突然の宣言に対し、教師はとても協力的でした。

尊敬する竹下先生とのツーショット

2　そして、ドラマが生まれた

あるとき、〝弁当の日〟をテーマにした写真集『１００年未来の家族へ』（自然食通信社）制作のために、一人の生徒の買い出しから調理風景までを撮影したいと、写真家の宝肖和美さんから依頼があり、３年生の日系ブラジル人、Ｙさんのご家庭に協力をお願いしました。

Ｙさんの家庭の台所で

外国籍生徒の割合が高いのが、大成館中学校の特色の一つでした。

Ｙさんの父親は日系ブラジル人で、母親はイタリア人とブラジル人のハーフ。従ってＹさんは日本人の血は４分の１しかないのですが、常に日本社会や習慣に溶け込む努力をしているのが印象的な生徒でした。

〝弁当の日〟の前日には、ホウレン草とレンコンを炒めて卵焼きを作るんだと、スーパーで買い出し。前年に妹が生まれて台所に立つ機会も増えたそうで、実際、買い物にも慣れている様子でした。

翌日の早朝、Ｙさんの住むアパートへ。その場には、なんと担任も自分の弁当づくりを済ませて駆けつけてくれました（校長としては、その熱意がうれしいですよね）。

私たちが到着するとすぐに調理を始めたYさん。手慣れた手つきで、切ったホウレン草をバターと塩で炒めたり、レンコンを醤油で炒めたり。最後に卵を溶き、調味料を加えて一気に焼き、ネギを散らして卵を巻き上げました。

Yさんは日本語が堪能ですが、両親はともに不得手。特に母親は、片言の日本語が話せる程度でした。家庭での会話はポルトガル語で、母親と私たちは、Yさんの通訳で会話しました。

Yさんが弁当づくりをする横で、母親はポンデケージョという、小麦粉にジャガイモとチーズと塩を混ぜて焼き上げたパンをレンジで作り、

母親が作ってくれたポンデケージョ

スーパーで買い出しするYさん

写真集「１００年未来の家族へ」

台所で調理するYさん

私たちにも振る舞ってくれました。日本でいえば、ご飯と味噌汁といった、ブラジルでは朝食の定番料理のようで、コーヒーと一緒にそのチーズの香りにあふれるもちもちした食感を味わいました。

そうこうするうちに、Yさんの弁当作りは30分で完了。妹ができてから朝食作りは毎朝の仕事のようで、「いつもやっていることだから」と、平然としていました。

唯一のミスは、湯気でベチャッとならないよう、弁当箱に詰めた後に冷ましてから蓋をするべきご飯を、入れてすぐに蓋をしたこと。ご飯を詰めるという習慣がない家庭ですから仕方ないのですが、体験を重ねればいずれそんな生活の知恵も身につくと思い、その場ではじっと見守るだけにとどめておきました。

学校での昼食時間。Yさんの様子をうかがいに教室をのぞくと、友達と楽しく弁当を食べていました。〝弁当の日〟では、弁当の内容は問いませんから、どんなおかずでもいいのですが、Yさんが作ったのは、一般の日本人が食べるようなメニュー。その選択に、学校生活だけからでは見えにくい、日本に溶け込もうとするYさん一家の気持ちを垣間見たように思いました。

目玉焼き二つだけの弁当

担任たちはといえば、その多くが自作の弁当を持参してくれていて、生徒全員の弁当の写真を撮った後、生徒と一緒の席で食べたり、教卓で食べたり。どのテーブルも、料理の自慢話に花が咲いていました。

そんななか、一風変わった弁当で友人の歓声を浴びている生徒がいました。彼の弁当はなんと白いご飯を詰めた上に、大胆に焼き上げた目玉の壊れた目玉焼きを二つ並べただけのシンプルなもの！　正直、私もこれまで見たことがない弁当でした。

この弁当を作ったのはM君。日系ブラジル人の生徒です。

M君いわく、「朝起きて、〝弁当の日〟だということを思い出したんだけど、時間がない。でも全部自分で作らないといけないと思ったから、とりあえず作ってきました」。大人なら恥ずかしいと思うかもしれませんが、M君は堂々とその弁当を皆に見せて笑っていました。私にも「校長先生、やっちゃったよ！」。

クラスメートたちは、そんな彼の弁当をバカにすることなく、歓迎していました。

当日、宝肖さんの希望で、生徒会保健委員会担当役員との座談会を開きました。

その席で3年生の役員が、M君の弁当について話題にしたのです。

「M君の弁当を見てびっくりしたけど、彼はどんな形であれ目標を守ろうとしていたから、その努力を認めたい」と。教

白いご飯の上に、目玉焼きを二つ並べたM君の弁当

室が温かな居心地のいい雰囲気に包まれていたのは、この認め合える関係があったからだと私は思いました。

宝肖さんによると、座談会を終えた後、M君と友達数人が1人の教師を囲み、こんな話をしていたとか。

「先生。どうして遅刻をしたらいけんのですか?」とM君。どうもM君は、時間を守ることがどうして大切なのか、得心していないようなのです。

すると教師は「それはね。そうだね…」と、ちょっと間を置いてから、近くにいた友人のK君に「遅刻について、どう思う?」と尋ねました。

「M君さ、学校には決められたルールというのがあってね。それは守らないといけないんだよ。社会に出てもルールがあるしね。第一、仕事に遅刻ばかりしていると雇ってもらえないんじゃないかな」と、K君。

M君の疑問に対し、教師は他の生徒に答えさせた。先生が答えると上から目線になりがちだけど、友達の指摘は同じ土俵の上の言葉として腑に落ちやすいと考えたのでしょう。

たぶん、M君のような日系人にとって、日本社会で生活するのはわからないことだらけだと思います。そんな子たちを、温かな集団が支えていくことって本当に大切だと思わせてくれた、大成館中学校の〝弁当の日〟の一コマでした。

家庭の数だけドラマが

生徒や教職員が、「食べることは生きること」を、あらためて考える機会になる〝弁当の日〟。神辺中学校と大成館中学校で何度も実施する中で、家庭の数だけドラマが生まれました。

【Ａ男の場合】

その日の朝、遅刻してやってきた３年生のＡ男。私が花壇の手入れをしていると、「おはよう」の挨拶もそこそこに、「校長先生、弁当をつくってきたで！　見て、見て」と、弁当箱を開け、きれいに並んだ巻き寿司を見せはじめました。

「君が作ったの？」

「朝５時から、夜勤明けの母親と一緒になって作った」

Ａ君が作ってきた巻き寿司

「すごいじゃないか」と褒めてやると、得意満面になって、「これから職員室に行ってほかの先生たちにも見せるんじゃ」。

先生たちも心得たもので、教頭先生は「今度、ワシの分も作ってくれんか」。

「わかった〜」

もちろん教頭は半分冗談だったのですが、数日後、職員室全体が、酢飯っぽい匂いに。なんとA男は、ほかの先生たちの分まで、大量の巻き寿司弁当を作ってきたのです。

2年次は、ほとんど学校に来ることができなかった子です。母子家庭で、母親は必死で働いていたのでしょう。子どもにはほとんどかまってあげる時間がなかったため、彼は寂しい思いをしていたようです。

それが3年生になって、少しずつ登校できるようになっていたのですが、〝弁当の日〟

友達と楽しく弁当を食べる生徒たち

によって、その背景が少し理解できた気がしました。

おそらく母親は少しずつわが子と関わる時間を持ち始めた。その安心感から、彼は学校に足が向き始めたのだろう、と。

関わりを持つということは、自分が大切にされているのがわかるということ。

私はそれまで、「愛する」の反対語は「嫌い」だと思っていましたが、今は違います。「愛する」の反対語は、「無関心」なのです。親の愛情とは、関わりをいいかげんにしないことであり、「手間ひま」かけることを厭わないこと。

愛された子どもは、自分の足で歩き始めることができる。彼の弁当は、そんなことを私たちに教えてくれました。

1学期には週に2回程度だったのに、2学期になると毎日、学校に来るようになったA男。とはいえ、学習の遅れはいかんともしがたいものがありました。A男も必死で勉強をしようとするのですが、どこから手をつけて良いのかわからない状態が続くのです。こうして高校受験を迎えるのですが、結果は厳しく、連戦連敗でした。担任を中心にサポートして、諦めずに受け続けさせました。そして最後の最後にやっと1校、合格することができました。

合格通知書を自慢げに校長室に持って来て、「校長先生、ワシ、高校生になれるんで」と満面の笑み。

高校に行き、アルバイトを始めたと聞きましたが、仕事は回転寿司のスタッフ。〝弁当の日〟で作った巻き寿司が、アルバイトにまで影響をしていたのかと思うと、私は校長室で大声を出して笑いました。

【B子の場合】

家出など、問題行動を繰り返していたB子は母親といつも衝突。親子げんかの絶えない日々を送っていました。

〃弁当の日〃の当日、ちゃんと作れているのか心配になった養護教諭が、家庭訪問しました。

すると玄関先で母親が、大粒の涙を流しながら泣いているではありませんか。

またケンカしたのか…。養護教諭はそう思ったそうですが、母親は「先生、今朝、2人でオムライスを作ったんです。あどけない頃のB子に戻って…。本当に楽しい時間を送

生徒の弁当をうれしそうに見てまわる教頭

ることができたんです」。

B子はB子で、友達の分まで弁当を作り、学校で「ありがとう」と言われたとのこと。

「ウチ、ほめられた！」

そう私に自慢げに話してくれましたが、他人の役に立つことがこれほどうれしいものかと思いました。

【C男の場合】

高校に進学したC男は、中学時代はあまり家族との会話もない無口な生徒でした。

高校の入学式の翌日、最初に弁当を持っていく朝のこと。

母親は夜勤明け。C男の弁当を作ってあげられないのが不甲斐ないと、自分を責めながら家路に向かっていました。

帰宅すると、何とテーブルの上に弁当があったのです。驚いた母親がC男に尋ねると、テレビに視線を向けたまま、「僕が作ったよ」。

父親の分までこしらえていたC男は続けて、「時間がなかったから、きょうの弁当のテーマは『シンプル手抜き弁当』かな」。

後日、母親が中学校にやってきて、目を潤ませながら私に言いました。

「弁当のテーマを決めるなんて、中学校で教えられたことを今でも大切にしてくれているんだとわかりました」

成果は「どう変わったか」

〝弁当の日〟に関しては始めた当初、乗り気ではなかった保護者もいました。それが1年後にはPTA理事会で、「〝弁当の日〟だけはやめないでください」という話が出るようになりました。

ある母親に理由を聞くと、「校長先生。普段は何もしゃべってくれない息子なんですが、〝弁当の日〟が近づくと私にいろんなことを聞いてくるんです。母親としての役割を認められたようで、それがうれしくって…」と、満面の笑みで答えてくれたのです。

ある教師は、生徒が親への感謝の思いをたくさん話してくれたのに驚いたと言っていました。実際、感想文やアンケートなどを見る

自作の弁当を手におどける生徒

と、親への感謝の気持ちを書いていた生徒が多かった。

そうした思いを抱(いだ)いていながらも、ほとんど伝えることができなかったのに、〝弁当の日〟を契機に、親に対して「ありがとう」を連発する生徒たち。それは、黙っていても心は通じていると思っていた生徒にとっても、思春期に入り、わが子が何を考えているのかわからないと不安を抱く親にとっても、互いの距離を近づける機会になったようなのです。

そんなこんなで反対していた人たちまでが、これならやってみてもいいんじゃないかと思うように変わっていったのではないでしょうか。

何を、どのように、誰と食べるか。それはなにげない日常のワンシーンですが、人がどのように生きていくかに通じているように思えてなりません。

〝弁当の日〟の成果とは何か。そう問われたら、私は「生徒がどのように変容したかだ」と答えます。実施したことではなく、どのように変わったか。そう、「わかることは、かわること」。そこが大事だし、それを汲(く)み取れるのがプロの教師だとも思います。

3　もみじまんじゅう　——地産地消弁当に挑戦

生徒の発想力は、ときにわれわれの常識を超えます。そんな瞬間に出くわすことは、教師にとって楽しさと怖(こわ)さが交錯(こうさく)する場面でもあるのですが、それは皆が同じものを食べる給食ではありえない〝弁当の日〟だから起きる出来事。教師としての力量と、生き方も問われます。

神辺中学校で「地産地消弁当に挑戦」をテーマにした〝弁当の日〟では、こんなこともありました。ルールは、広島県内産の食材で、3品以上のおかずを調理するというもの。生徒たちが使った食材には野菜や魚のほか、地元のブランド牛「神石牛(じんせき)」もありました。

ある生徒の弁当箱をのぞいてみたら、そこにはなんと「もみじまんじゅう」が。一緒に教室で弁当を食べようとした20歳代の担任、Y先生は一瞬驚き、どうしようかと迷いました。県内産であることは間違いないけれど、学校にお菓子を持ち込むのは禁止事項。とはいえ、ここで叱るのは…。

さてどうする——。

「なるほど、もみじまんじゅうか…。これは気づかなかったな～、一本取られたよ。見事！」

そう評価した上で、おもむろにもみじまんじゅうを手にとり、「でも、学校でお菓子は食べられないんだよな～。せっかく考えてくれたのに残念だね。これは僕が食べることにしよう」。「えっ。やっぱり…」。残念そうな表情を浮かべる生徒。

すると、Y先生は「もみじまんじゅうは先生がいただくから、先生のおかずから、君の好きなものを一つあげよう」と、自分の弁当箱を差し出しました。

「先生、ありがとう」。にっこりした生徒は大きな唐揚げをつまみました。

昼食後、Y先生が校長室にやってきました。

「すいませんでした。生徒の持ってきたものを勝手に食べてしまいました」

ことの仔細(しさい)を聞いて私は言いました。

「素晴らしい指導だよ」

生徒の発想は見事であり、われわれの予想を超えていたこと。まずはその発想力をきちんと評価し、生徒の努力を率直に認めたことがよかったと考えたからです。

「いいか、悪いか」の二択でいえば、もみじまんじゅうの持ち込みは、よいとはいえない行為です。でも、日頃の教室内で信頼関係があるからこそ、この生徒は先生や仲間を驚かそうと考えて弁当箱に詰めてきたに違いないのです。そこで彼の言い分も聞かずに、「何でお菓子を持ってきたのか！」と頭ごなしに叱ってしまったらどうなるか。彼だけでなく、ほかの生徒も新たな発想で〝弁当の日〟に挑もうとはしなくなるでしょう。

一方で、Y先生が教師として、生徒指導上の課題に毅然(きぜん)と向き合う姿勢を見せたことも評価しました。遠足ではないのですから、学校にお菓子を持ってきてはいけません。

　ではどうするか。先生が預かり、下校時に返すという方法もあったでしょう。でもY先生が選んだのは自分のおかずと交換するという、その上をいくやり方でした。生徒はうれしかったと思います。自分のちょっとしたイタズラ心まで丸ごと包み込んでくれたわけですから。

　後から聞いた話ですが、Y先生は女子生徒に人気があるようで、憧れの先生の唐揚げを食べたこの男子生徒に対する女子生徒から、羨望(せんぼう)のバッシングが起こったそうです。でも、彼にとっては鼻高々のバッシングだったでしょうね。

　教室内に漂う温かな雰囲気は、このような何げない言葉がけや、まなざしの積み重ねで育まれていくのだと思いました。

地元のＪＡからはお米をプレゼントしてもらった

神辺中での〝弁当の日〟には、町内のスーパーも協力。買い物に行くと「頑張って」と声がかけられるだけでなく、椎茸1個プレゼントのオマケをつけてくれた

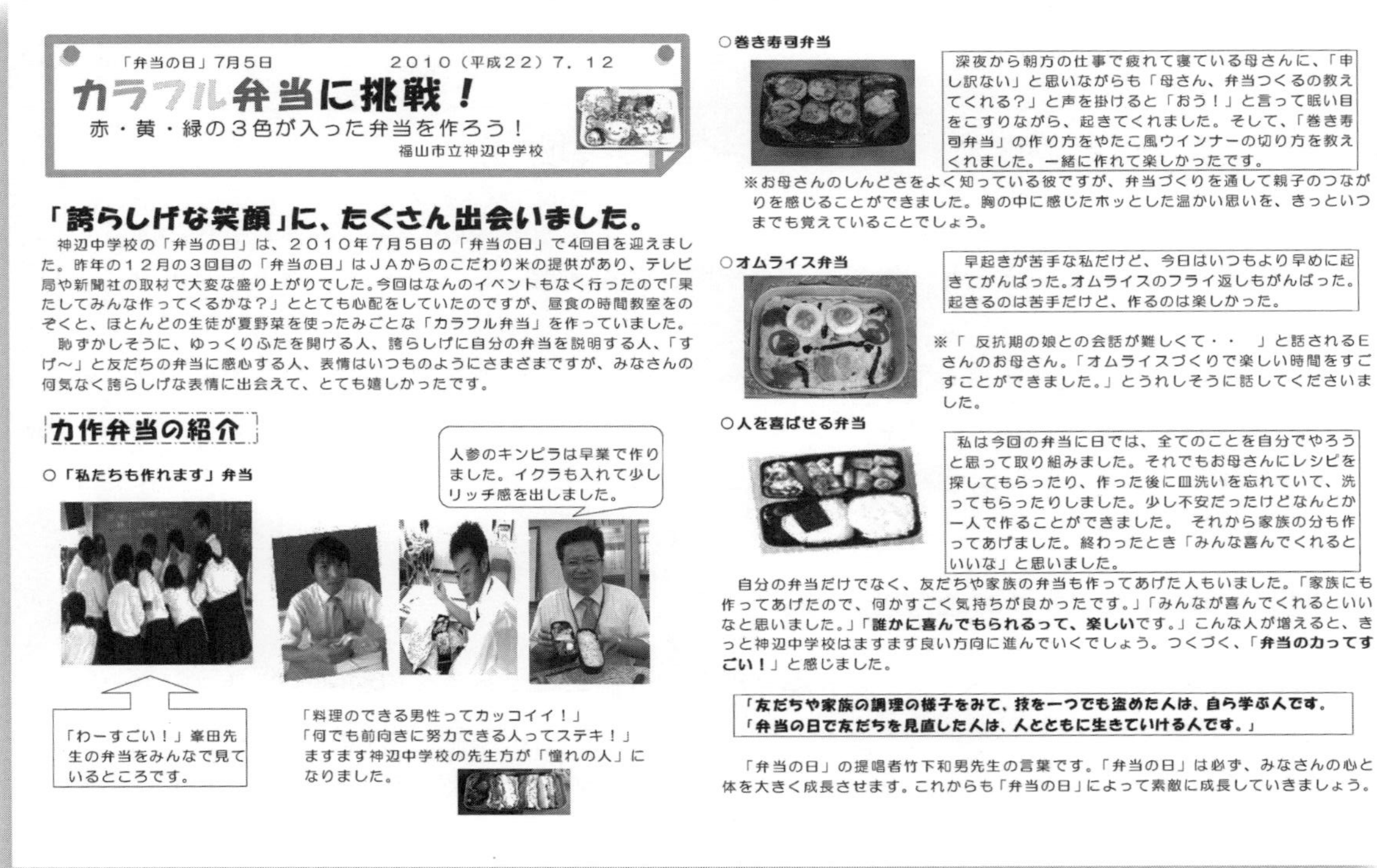

「弁当の日」7月5日　　２０１０（平成２２）７．１２

カラフル弁当に挑戦！

赤・黄・緑の３色が入った弁当を作ろう！

福山市立神辺中学校

「誇らしげな笑顔」に、たくさん出会いました。

神辺中学校の「弁当の日」は、２０１０年７月５日の「弁当の日」で4回目を迎えました。昨年の１２月の３回目の「弁当の日」はＪＡからのこだわり米の提供があり、テレビ局や新聞社の取材で大変な盛り上がりでした。今回はなんのイベントもなく行ったので「果たしてみんな作ってくるかな？」ととても心配をしていたのですが、昼食の時間教室をのぞくと、ほとんどの生徒が夏野菜を使ったみごとな「カラフル弁当」を作っていました。

恥ずかしそうに、ゆっくりふたを開ける人、誇らしげに自分の弁当を説明する人、「すげ～」と友だちの弁当に感心する人、表情はいつものようにさまざまですが、みなさんの何気なく誇らしげな表情に出会えて、とても嬉しかったです。

力作弁当の紹介

○「私たちも作れます」弁当

人参のキンピラは早業で作りました。イクラも入れて少しリッチ感を出しました。

「わーすごい！」峯田先生の弁当をみんなで見ているところです。

「料理のできる男性ってカッコイイ！」
「何でも前向きに努力できる人ってステキ！」
ますます神辺中学校の先生方が「憧れの人」になりました。

○巻き寿司弁当

深夜から朝方の仕事で疲れて寝ている母さんに、「申し訳ない」と思いながらも「母さん、弁当つくるの教えてくれる？」と声を掛けると「おう！」と言って眠い目をこすりながら、起きてくれました。そして、「巻き寿司弁当」の作り方をやたこ風ウインナーの切り方を教えくれました。一緒に作れて楽しかったです。

※お母さんのしんどさをよく知っている彼ですが、弁当づくりを通して親子のつながりを感じることができました。胸の中に感じたホッとした温かい思いを、きっといつまでも覚えていることでしょう。

○オムライス弁当

早起きが苦手な私だけど、今日はいつもより早めに起きてがんばった。オムライスのフライ返しもがんばった。起きるのは苦手だけど、作るのは楽しかった。

※「 反抗期の娘との会話が難しくて・・ 」と話されるＥさんのお母さん。「オムライスづくりで楽しい時間をすごすことができました。」とうれしそうに話してくださいました。

○人を喜ばせる弁当

私は今回の弁当に日では、全てのことを自分でやろうと思って取り組みました。それでもお母さんにレシピを探してもらったり、作った後に皿洗いを忘れていて、洗ってもらったりしました。少し不安だったけどなんとか一人で作ることができました。 それから家族の分も作ってあげました。終わったとき「みんな喜んでくれるといいな」と思いました。

自分の弁当だけでなく、友だちや家族の弁当も作ってあげた人もいました。「家族にも作ってあげたので、何かすごく気持ちが良かったです。」「みんなが喜んでくれるといいなと思いました。」「**誰かに喜んでもられるって、楽しい**です。」こんな人が増えると、きっと神辺中学校はますます良い方向に進んでいくでしょう。つくづく、「**弁当の力ってすごい！**」と感じました。

「友だちや家族の調理の様子をみて、技を一つでも盗めた人は、自ら学ぶ人です。
「弁当の日で友だちを見直した人は、人とともに生きていける人です。」

「弁当の日」の提唱者竹下和男先生の言葉です。「弁当の日」は必ず、みなさんの心と体を大きく成長させます。これからも「弁当の日」によって素敵に成長していきましょう。

養護教諭が作成した神辺中の学校便り

4　特別支援学級は学校経営の大切な基準

自分の力で弁当を作った生徒の喜び。特別支援学級の生徒の場合、それはさらに大きなものになります。

私は、特別支援学級の生徒を、学校経営をするときの大切な基準にしていました。それは彼らが笑顔で学校生活が送られる学校でないと、他の生徒も安心できないと考えていたからです。社会の縮図といわれる学校で、彼らを心から受け入れられる生徒集団でないと、いじめなどもなくなりません。

保護者と打ち合わせて具体的に計画

特別支援学級の生徒が〝弁当の日〟を行う場合、事前に担任が保護者と打ち合わせをして、最初はここまで作ることができるようにしようといった具合に、より具体的に計画しました。そして1回ごとに作る範囲を増やしていったのですが、卵焼きやハンバーグが作れるようになると、彼らは素直に喜んでガッツポーズをしました。

大成館中学校の特別支援学級には農園もあります。〝弁当の日〟を始めるまでは、ただ野菜を作ることが目標でした。でも、〝弁当の日〟をきっかけに、生徒たちが調理する楽しみを知ったことで、それまでの教育活動に調理をつなげることに成功。農園でキュウリやカボチャができると、これでどんなおかずが作れるかを考えて、実際に調理するようになりました。

その延長が、職員室での模擬販売です。カボチャで作ったパンプキンケーキは職員にも好評。実際にお金をやりとりすることでお釣りの計算をしたり、大きな声で挨拶する経験になったりと、教室の中だけでは味わえない、臨場感ある体験が積めました。

奥が深い〝弁当の日〟

〝弁当の日〟を通して生徒をどんな人間に育てていくか。それは生徒たちの自立と自律への歩みであり、親が付いていなくても生きていける「スベ」を体得するチャンスとも言えるでしょう。はたから見たら、それは小さな一歩かもしれません。しかし、私たち教師の役割は、生徒一人一人が育つ環境を整えることにあります。

特別支援学級の生徒たちの変容を見てとった教師は、私にこう報告しました。

「校長先生。〝弁当の日〟は奥が深いです。これまで私が知らなかった生徒の一面が見られるんです。絶対に台所には立ちそうにない男の子が、自信たっぷりに弁当を見せるんです。あの子は本当に自分で作ったんです。いつも宿題をしてこないで怒られることばっかりだったのに、自分で挑戦する力があるんですよ。あの笑顔は忘れられません」

教師にとって生徒をどのように理解するかは、教師の生命線のようなもの。生徒たちのいろんな顔に気づかせてくれる〝弁当の日〟は、教師の意識を変える力も持っていました。

5　〝環境〟をつくることの意味　――仲間たちとの意見交換

〝弁当の日〟の趣旨に沿えば、すでに小学校５年生から家庭科の授業を受けている中学生は本来、自分一人で弁当をこしらえるのが原則です。でも大成館中学校では、「盛り付けをするコース」「おかずだけを作るコース」「全部作るコース」など、自分ができるコースを選択する形式で始めました。

親の手を借りることも可とするこの方法は、まだ家庭科の授業を受けていない小学校４年生以下の児童でも〝弁当の日〟を行えるよう、福岡市の小学校教諭、稲益義宏先生が考えに考えて編み出した通称「イナマス方式」です。〝弁当の日〟に取り組むハードルを下げ、参加者の間口を広げるやり方です。

「イナマス方式」の功罪

稲益先生の場合、巧みな誘導で、皆ができるだけ自分で作るようにもっていき、自分のクラスから学年、そして学校全体へと〝弁当の日〟を広げることに成功しました。ただ、そうした考えなしに、小学校5年生以上でもイナマス方式を採用すると、ややもすると易(やす)きに流れて、〝弁当の日〟の回数を重ねても自分で作る児童・生徒が増えないことも少なくないと聞きます。

イナマス方式の採用については、私が所属しているメーリングリストで、以下のようなやりとりがありました。

話は、新聞記者の佐藤弘さんの問題提起から始まりました。

佐藤記者の問題提起

先日、〝弁当の日〟の推進を決めて旗振りを始めたある県からの依頼で、5年連続で〝弁当の日〟を行なっているという小学校に招かれ、保護者を対象に講演しました。

講演の前に実施状況を尋ねてみると、5、6年生もイナマス方式。5年続けているというのに、親の手を借りずに自分一人で弁当を作った子は10パーセント台…。しかも、私が呼ばれたのは〝弁当の日〟を実施したあと。児童が作った弁当の写真も、ろくにとっていない…。

「う〜ん」という思いを抱きつつも、5年連続の実施をたたえ、先方の顔をつぶさないよう配慮しつつ、なぜ、〝弁当の日〟なのかという、本来の趣旨を説明してきました。

やっぱり、このまま「ナンチャッテ弁当の日」が広がって、それが〝弁当の日〟だと思われるのはマズイと思いますね。


これに対して、〝弁当の日〟を提唱された竹下和男先生は次のように答えられました。

竹下先生の返答

「親は手伝わないで」という私の訴えは、「事故が起きたときの責任がとれない」という理由から、現実的な妥協案として、「親子で作る」という方法をとりがちです。

今日の新聞に、米国の行動経済学者、ダン・アリエリーが行なった実験を考察した『ずる～嘘とごまかしの行動経済学』（早川書房）という本が紹介されていました。

学生に数学のテストを受けさせて、得点に応じて報酬を払う。ただし、採点は自分でして、テスト用紙はシュレッダーで破棄する。つまり、不正を行っても証拠は残らない…。その結果、多くの学生がズルをするようになった――などといった内容でした。

佐藤さんが講演に招かれた小学校が5年間、〝弁当の日〟をしているのなら、その間に自分一人で弁当を作る方向に児童の意欲を持たせることが大切です。稲益先生の場合は、導入時のハードルを下げつつ、さらに上位のステップに挑む意欲を湧かせる対応をされてきました。〝弁当の日〟をすれば、子どもが育つわけではないのです。〝弁当の日〟には、子どもが育つ環境を整える大人たちの覚悟が必要なのです。

２人のやりとりに、九州で母親の立場から〝弁当の日〟を広げる活動をされているYさんが反応しました。

ある母親の意見

私の町の〝弁当の日〟は学校主導ですが、面と向かって学校に反対意見を言えない保護者が、人を介して私に苦情を言ってこられたことがありました。

「〝弁当の日〟にはお金がかかる。給食費は返納してくれるのか？　推進しているあんたが責任を取ってくれ！」と。

私は行政に勤務していましたし、顔の分かる関係でありながら匿名でしたので、あえて反論はしませんでした。でも、「あなたの家にこそ〝弁当の日〟は必要なんです！　子どもの声を聴いてほしい。子どもは親に振り向いてほしいんです！」と、声を大にして言いたい気分でした。

娘が中3の時、知人から〝弁当の日〟について電話があり、侃侃諤諤、議論したこともあります。内容は、実践校の数のことや、〝弁当の日〟に取り組むだけで、学校が抱えている問題を全て解決できるわけではないというクレームのようなものでした。

大人の話を娘に聞かせたくはなかったのですが、その日はあいにくホテルの一室で、隣には娘が。その電話を切った後、少々血圧が上がり気味の私を諭すように娘が言いました。

「その人は〝弁当の日〟の本当の意味を理解していない。自分の学校を見れば分かる。〝弁当の日〟をやるだけで学校が変わるわけがない。竹下先生がおられた香川の綾上中学校のように、〝弁当の日〟に取り組む大人の真剣な後ろ姿を見て子どもは変わるんだよ」

冷静に自分の意見をまとめられなかった自分が恥ずかしいのですが、子どもの視線の凄さに感動した瞬間でした。

新しいことを始めるのに反対はつきものだと思います。

私もときどき、へこたれそうになりますが、私のことを応援しているわが子や、子どもたちを何とかしたいと思っている仲間や学校の先生。そして普段、居場所の少ない子どもたちの輝く瞬間を見たら、負けてはいられないとパワーをもらえます。


再び、竹下先生からの投稿です。

気づいた人から行動を

最近の私の講演は、「人は置かれた環境に適応していく」「人は環境を変える脳を持っていること」をテーマに展開しています。

イナマス方式は、「大人への階段を、自分のペースで上る」気持ちが前提です。〝弁当の日〟を繰り返しても、自分一人で弁当を作ることができるようになっていない生徒は、「弁当は自分で作らなくていい」という環境の中で、「弁当を作れるようになることには価値がない」という心と体をつくっているのです。

このリスクが生み出す「少年を取り巻く悲しい事件や事象」を、私は小、中学校の児童生徒を見て痛感してきました。

「小さい子だからできなくていい」ということは、「大きい子はできて当たり前」と表裏をなす考えです。〝弁当の日〟に反対する大人は、「大人になったのにできない」自分を責めているケースがあります。料理ができる大人の中には、「必要な時期がきたら自分で身につけられる。自分もそうだった」と、考えている人もいます。けれど、味覚の発達がほぼ終わっている頃に台所に立ち始めても、獲得できる味覚のレベルには雲泥の差があるといわれます。

たった100年前と比較しても、農薬、環境ホルモン、添加物等で食環境は大きく変化し、次世代に負の財産を遺す実態が顕在化しています。防かび剤、保存料、pH（ペーハー）調整剤等を「おふくろの味」として食してきた世代が、今や祖父母世代になろうとしています。

だからこそ、私は「人は環境を変える脳を持っている」と訴えるのです。佐藤さんが心を痛めた実態も、Yさんの娘さんが見抜いた現実も、分かった人が行動しないと改善できません。豊かな食生活から得られる幸福感も同じです。そもそも「現状維持」に疑問を抱いていないのですから。社会全体の変動があまりにも急速なので、気づいた人から行動を起こさないといけないのです。

この応酬に、私もひとこと言いたくなりました。

自立に向かわせる担任の役割

大成館中学校の友道です。

最初から自分で弁当を作れる生徒ばかりではない現状を考えると、初期段階ではイナマス方式は有効です。しかし、そこには友達の頑張りに刺激を受けて、自分でやってみようとするチャレンジ精神を持たせるような、自立に向かうビジョンがなければなりません。

大成館中学校では2回目もイナマス方式で実施したのですが、1回目よりも自分の力で弁当作りに挑戦する生徒は確実に増加。その中身も向上したのが見て取れました。最終的には、全部自分一人の力で弁当を作れることを目標にしている生徒が多くいたし、学校給食がない中で、日常的に自分の弁当をこしらえる生徒も出てきました。

弁当の写真を廊下に掲示する取り組みを、保健委員会が中心になって実施すると、多くの生徒たちが写真の前で、次回は何を作ろうかとアイデアを練っていました。この写真掲示は教師が提案したものではなく、生徒たちが自ら考えてくれたようなのです。

そんなこんなで、〝弁当の日〟によって生徒集団の意識は高まってきました。ただし、弁当を作ることだけでそうなるかといえば、それは違います。

生徒一人一人が、家族をはじめ、ほかの人たちの役に立って感謝されていることに喜びを感じる体験をする必要があるのです。自分が苦労して作った弁当が誰かの喜びにつながること

——を知ると次への意欲につながるし、できる喜びの体験もできます。

長い人生の中では、自分で調理しなければならない場面は必ずきます。その日のためには最低限の調理技術は身に付けておかねばなりません。台所に立った経験が少ない生徒でも、上手になりたいと思って調理体験を積み重ねれば上達するし、それが自信につながります。

こうした生徒の動きを見届けて、学級に返していくのが担任の役割なのです。担任が生徒を「評価」することで、生徒の意欲や創造力が増してきます。ここが〝弁当の日〟の教育効果を高めるポイントだと私は思っています。

教員は動いてナンボだ！
動いて考えろ
健氏かく

6 「かあちゃんの方がすごい」

生徒の背中越しに、こんな会話を聞いたことがありました。

「校長先生も弁当作ってきて、すごいな〜」

「すごいとは思うけど、一日だけじゃろ。うちの母ちゃんは毎朝、あんな大変なことをやってくれてるんよ。毎朝作るうちの母ちゃんの方が校長先生より偉いと思う」

素敵な感性じゃないですか。堂々と、自分の母親を「すごい」と認めているのです。こういう心の成長が、体験を通してできるのが〝弁当の日〟の素晴らしさ。

単に調理技術を向上させるためのものではないし、コンテスト形式で、他人と比較して優劣を競うものでもない。自分で弁当を作る体験を通じて、「自立しようとする意欲」「他に感謝する心」「友達や家族の素晴らしさを認め合う

私が作った「一日だけじゃろ弁当」

心」を育むことが大事なのです。
たかが弁当、されど弁当。このコロンブスの卵にも似た、偉大なる取り組みを提唱された竹下先生に、あらためて敬意を表します。

もっと、〝弁当の日〟について知りたくなった方は、竹下先生が編まれた『〝弁当の日〟がやってきた』（自然食通信社）、『台所に立つ子どもたち』（同）、写真集『100年未来の家族へ』（同、宝肖和美と共著）、『すごい弁当力！』（PHP文庫、佐藤剛史著）などを、ぜひお読みください。

「すごい弁当力！」

「〝弁当の日〟がやってきた」

「台所に立つ子どもたち」

第7章
家族

自宅の前に立つ母

1　おふくろの涙

私が小学校6年生のときの話です。

正月といえば、家族や親戚からお年玉をもらえるのが大きな楽しみですよね。もらったお年玉で何をしようか、何を買おうか、と。当時の私の趣味は切手集め。お年玉を持って、ＪＲ福山駅前の天満屋百貨店の切手売り場に向かうのが恒例でした。

欲しい切手を買い、意気揚々と家に帰る。手に入れた切手を一枚一枚ながめては一人ニヤニヤ。ところが財布の中を確認すると、どうも５００円足りない。昭和40年代の５００円といえば、当時の子どもにとっては大金です。

どうしたんだろ。でも、まだ残りのお金もあるし、目当ての切手が手に入ったうれしさで、「ま、いいか」と気軽に考えていました。

自由に使えるお金といっても、何に使ったかは親に報告するのがわが家のルール。私は５００円足りないことをおふくろに、「失くした」と言いました。

黙って私の顔を見ていたおふくろは、静かにに私に尋ね始めました。「いつ、どこで失くしたのか」「いつ気づいたのか」「失くしてどう思ったのか」…。あまりに執拗に聞かれるので、面倒くさくなった私はつい、「いいじゃないか、５００円くらい！」と、吐き捨ててしまったのです。

そのときです、優しかったおふくろの顔が急に険しくなったのは。眉間にシワを寄せ、こうまくし立てました。

「５００円くらいとは何を言うとるんな。５００円を稼ぐため、お父さんやお母さんは、どんな思いで働いているんか、あんたにはわかっとるんな」

部屋に響き渡る怒鳴り声。そして、人間として大切なことを、切々と私に語りかけました。お金の大切さ、働くしんどさと尊さ、家族を思う気持ち、私への愛情…。おふくろは、頬に流れ落ちる涙をぬぐおうともせずに、ただただ必死で語り続けました。

この日の出来事を、私は今でも昨日のことのように鮮明に覚えています。おふくろが、親として私に必死で伝えようとしたのは、「お金とは汗水垂らして得たもの。たとえ１円たりとも無駄にできない」ということ。母が流した涙の意味を、私もわが子に、責任を持って伝えなければなりません。

あなたの涙は、死ぬまで忘れません。

ありがとう、お母さん。

2　幸せのレストラン　――ある夫婦の物語

ある家族の祖父と祖母の話。

その祖父は若い頃に大病を患い、当時の主治医から40歳までしか生きることはできないと宣告されました。

20歳前の青年にとって、自らの死を受け入れることは到底できないこと。でも、そんな青年を、一人の女性との出会いが勇気づけました。

彼女は、青年に笑顔を振る舞うことしかしていないのですが、青年は彼女と会えることが生活の張りとなっていった…。そして二人は結ばれました。

妻となった彼女は、青年の余命(よめい)のことも当然知っています。夫も残された命を大切にするために、徹底した自己管理に努めました。

外食は一切行わず、旅行にも行かず。規則正しい生活を送る中、部屋から見える庭の風景に四季の移ろいを感じ、俳句を作るのが唯一の楽しみだったようです。

若い妻も夫の体を気遣い、滋養のつくものや手作りの料理を提供し続けました。そんな妻の献身的な世話によって夫の健康は何とか保たれ、40歳を過ぎても命の炎は消えることがなかったばかりか、一男二女の子どもにも恵まれて幸福な家庭を持つこともできたのです。

長男は、父親の病気をなんとか治せるようにと誓いを立てて勉学に励み、岡山大学医学部に進学。微生物などの研究に邁進するようになり、やがて某国立大医学部の学部長として手腕を発揮するまでになりました。

彼が50歳を超えたときのこと。彼の余命を40歳までと診断した主治医が、先に亡くなりました。

「ワシの寿命を教えてくれた人が先に逝ってしもうたわ。これからは誰のいうことを聞いたらええんかの〜」

そう語った彼は、その後も生き続け、93歳の天寿を全う。立派な大往生でした。

彼が亡くなった後、妻は一人で暮らしていましたが、長女がよく面倒をみてくれていました。母親のことを心配した長男も退職後、母親の元に帰ってきました。

あれだけ父に尽くした母の一生だったから、せめてこれからは家族の温かさを感じながら過ごしてもらいたいという思いがあったのでしょう。

先日は、母親と長女の間でこんな会話があったそうです。

左が93歳まで生きた、この物語の「祖父」。右は誰かの若いとき（笑）

「おじいちゃん（父親）とは、どんな思い出がある？」。長女の問いに、母親は遠くの空を眺めながら、「おじいさんにレストランに連れていってもらって食べた洋食が忘れられんのよ。あれはおいしかったよ！」。

長女は言葉が出ませんでした。

自らの体を案じて、これまで父親は外食をしたことがなかったのです。息子や娘の結婚式のときも披露宴には出席せず、自宅で一人食事をして待っていたくらい、健康管理には細心の注意を払っていた人だったから、両親がレストランに行くことは考えられないのです。

自分たち3人の子どもも、父親と外食をした思い出などないのですから、これは作り話か、いよいよボケが始まったのか…。

長女の分析はこうでした。

母にとって、夫とレストランに行くことは、

夫を支えたおばあちゃんとともに、5世代そろった娘（長女）、孫、曾孫、玄孫

永年の夢だった。ちょっとオシャレをしてレストランで食事を楽しみながら、将来のこと、家族のこと、お互いのことを語り合うなんて、どこにでもある光景ですが、母にはそんな夢が叶うことは一度もなかった。だから、こんな小さな夢が、実際にあったかのように錯覚して語ったのだろう、と…。

夫と行ったこともないレストラン。でも、妻の心の中では、「おじいちゃんと行った」という思い出の幸せな光景だったのです。

実はこれ、１００歳を超えて周りの方々に支えられながら今も生活している、私の妻の祖母と祖父の話なのです。私はこの話を聞いたとき、涙が止まりませんでした。

皆さん。事実と真実が異なること、うそと本当の境界線がわからなくなることって、あると思いませんか。

祖母と祖父が一緒に行ったレストランの思い出が、仮に想像の世界の出来事であったとしても、そんなことはどうでもいいことです。夢のような架空の話を真実と思い込むこと、いや思い出すことで、夫とともに生きてきた歳月に幸せを感じる祖母の心を大切にしたいなあ、と。

幸せって、そんなもんじゃないかな〜。

3　祖父とカープ　――「男になれ〜や」

海外旅行に行くたび、広島に生まれたことを意識する瞬間に出くわします。それは旅先で、海外の方に自己紹介をするときです。

「私の名前は友道健氏と言います。日本から来ました」

「おお、日本ですか。日本のどちらにお住まいですか？」

「西日本の広島県です」

ここで、たいていの人は会話が止まります。

「ヒロシマ…」

「ご存じですか？」

「ええ、もちろん。原爆のこと」。そんな言葉が返ってきます。

そこでもし、私が原爆についてほとんど知識がなかったら、相手の方は私をどう思うでしょうか。

別の立場で考えてみましょう。

皆さんは、「ホロコースト」という言葉を知っておられると思います。ユダヤ人大虐殺の歴史のことです。仮にイスラエルの国民にホロコーストについて尋ねて「知りません」と答えが返ってきたら、私たちはその人をどう思うでしょうか。それと同じことです。

自国の歴史を知る。それは自分の存在意義を知ることでもあるのです。自国の歴史という大きなものでもなく、地域の歴史を知ること、もっと狭くわが家の歴史でも構わないと思いますが、自分が今ここにいる意味を見いだすことはできるのです。

樽募金

私は生まれついてのカープファンです。広島生まれですから、当然といえば当然なのですが、私の場合、それは宿命のようなものでした。とにかく怖い存在で、その前に出ると自然と背筋が伸びてしまうような威厳ある祖父の影響を強く受け、カープ以外の球団を応援することが許されない家庭で育ちましたから。

広島カープは１９５０年、原爆による廃虚からはい上がるためにできた市民球団。今も昔も、多くの市民県民の心の拠り所です。

祖父はカープの試合があると、ラジオでもテレビでも、必ず聞き入っていました。初代監督の石本秀一さんの男気に惚れ込み、この球団とともに歩む覚悟をもっていたようです。

「石本さんを男にしたらんといけん思うたんよ」。これが祖父の口癖でした。

「福山から広島に出張があったときは、出張旅費を全て樽募金に寄付していた」。祖父は、酒を飲むといつも上機嫌で語ってくれました。福山と広島は１００キロ離れていますから、出張旅費といってもそんなに安くはなかったと思うのですが、球場前に置いてあった寄付を募る樽の中に封筒ごと入れていたようです。

山本浩二選手や衣笠幸雄選手などの名選手を擁した1975年、創立25年にして初優勝した時、祖父は人目もはばからずに泣いていました。見ていたテレビの画面に、東広島市で生活されていた石本監督が、優勝の知らせを聞き涙していた映像が出たからです。当時、石本監督は病気のため、不自由な体だったのですが、その姿を祖父は、戦後の苦しい時代を一緒に歩んだ「戦友」のような感情で見ていたのでしょう。それくらい、カープは戦後の広島の復興の旗印であり、市民県民の希望の象徴だったのです。ラジオやテレビ越しではありますが、打席に立つ山本選手や衣笠選手に向かい、祖父が「男になれ〜や」とつぶやいていたカープの試合が懐かしく思い出されます。

ときは流れて…

ときは流れて、いまの友道家。

わが家の野球観戦は、テレビを見るより2人の会話の方が面白いことがあります。

先日のこと。

テレビの画面に向かい、妻が突然、カープのピッチャーに不満を言い始めました。

「このピッチャー、ダメじゃや。チェンジアップ投げとるのに、球の速さは緩（ゆる）いし、第一、ボールがアップしとらん！　これじゃー、チェンジダウンじゃない？」

「………」

チェンジアップとは、打者のタイミングを狂わせるために、投手が速球のときと同じ投球動作で投げる緩い玉のこと。妻は、どうもアップの意味を取り違えているようで、いろいろ説明はしたのですが…（笑）。

祖父の「男になれ〜や」とは隔世の感がありますが、とにもかくにも、わが家は、勝ってもカープ、負けてもカープ。その姿勢はカープ創設以来、変わることはありません。

マツダスタジアムで応援する女房

気合いを入れてテレビ観戦する日はユニフォームで。
このあと「チェンジダウン」が飛び出した…

4　夢は叶えるためにある　――友道康夫調教師のこと

あるサイトによると、友道という姓を持つ人は全国で約80人しかいないそうですが、そんな弱小勢力の中にも有名人がいます。それは、ＪＲＡの栗東（りっとう）トレーニング・センター（滋賀）で開業している友道康夫調教師。ダービー馬「マカヒキ」「ワグネリアン」、ジャパンカップを制した、ハマの大魔神こと佐々木主浩さんがオーナーの「シュヴァルグラン」など、数多くのＧＩホースを育てた名伯楽です。実は彼、幼い頃から私を「健兄ちゃん」と呼び、兄のように接してくれていた父方のいとこなんです。

ワラの匂い

康夫くんは5歳年下。わが家は、盆と正月に親戚が集まる家だったので、康夫くんも大学に進学するまでは毎年わが家に来て、一緒にカブトムシを探して回ったり魚釣りをしたりして神辺（かんなべ）の野山を駆け回っていました。幼い頃から口数は少なく、温厚な性格でした。

大学は獣医師を目指し、大阪府立大学獣医学科へ。そこで馬術部に入部します。最初は入部するつもりもなかったそうですが、先輩からうまく勧誘を受けたと言っていました。でも、この出会いが康夫くんの一生を決めることになるのです。

大学時代も何回かわが家で康夫くんと話しましたが、馬の世話や馬術の楽しさを、目を輝かせながら教えてくれたのを覚えています。

卒業が近づいて来たとき、調教師の道に進むという話を聞きました。叔母は反対しており、教師になっていた私に、考えを変えるように説得してくれないかと言われたような…。

一度、進路について康夫くんに水を向けたことがあるのですが、「健兄ちゃん、馬の目をみてたら離れられへん。馬の力を引き出すことは本当に面白いんや。獣医師の免許は必ずとるし、30歳になるまでは自分の好きなことをさせてほしいんや」と話してくれたように記憶しています。

そんな話をしているとき、康夫くんの体から漂ってきたのが、ワラの匂い。馬の世話を本気でしているんだなあと感じ、彼を応援してやろうと思うようになりました。

叔父の覚悟

叔母とは対照的に、叔父は私にこう言いました。

「健ちゃん。大学まで行かせてもらって競馬の世界に飛び込もうとしている息子を、世間はどう見るか知らんよ。だけどな、康夫には「お前が見た夢なら、自分で納得いくように賭(か)けてみたらええよ。夢は見るもんとちゃうで。叶えるためにあるんやで」と言ってやったんよ」

わが家で、酒を酌み交わしながらの話でしたが、叔父の覚悟に身震いしたのを覚えています。

卒業後、康夫くんはJRA競馬学校の厩務員課程に入学。1989年、栗東・浅見国一厩舎の厩務員から、調教を担当する調教助手に。96年、松田国英厩舎に移籍。2001年、師匠から任せてもらった「クロフネ」がGIレースのNHKマイルカップで勝利したとき、叔父の喜び方がすごかったのを覚えています。

この頃、祖母の体調が優れず、叔父は月に一度は見舞いも兼ねてわが家にやって来ては、私と酒を酌み交わしていました。父は全くの下戸なので、酒の相手は私。話題はいつも康夫くんの話でした。

康夫君は、クロフネを育てたことで、師匠から独立を勧められ、念願の友道厩舎設立に向けて歩み出しました。しかし、叔父の体をガンがむしばみ始めており、気がついたときには、もう余命数カ月。叔父は、2002年の友道厩舎開業を見届けないまま、旅立ってしまいました。

康夫くんは心に誓います。強い馬を育てて報告することが、自分を心から応援し、支えてくれた父親への恩返しだ、と。

地獄と天国を味わう

調教師として初めてGIレースで勝利した馬は08年、天皇賞春を勝った「アドマイヤジュピタ」。いろんな意味で、康夫くんの調教師人生を左右した一頭です。

素晴らしい馬で将来を期待されていたのですが、3歳のとき、クラシックレースへの道が見え始めた2勝目のレースの翌日に骨折が発覚。競走馬にとって脚を骨折するというのは大変なことで、最悪の場合は殺処分に。骨折がわかったときは足が震え、目の前が真っ暗になったとも言っていました。

康夫くんは手術を選択し、馬の脚にボルトを入れたまま時間をかけて調教。1年4カ月後、競走馬として復帰させました。

そして翌年、天皇賞春で勝利。「地獄と天国を味わった馬だなー」と康夫くんに言うと、うなずいていました。

「調教師になって一番苦しかった時はいつ?」と聞いたら、「アドマイヤジュピタを骨折させたとき」と康夫くん。彼の実家には、今でも天皇賞に勝ったときのアドマイヤジュピタ号の首かけ（レイ）が飾られています。

挑戦は続く

叔父の法事で会ったときも、全国各地の競馬場を転戦する馬の状態が報告されるたびに細く指示を出したり、北海道の牧場に連絡して馬の買い付けの段取りをしたりと…。調教師の仕事は私には想像

天皇賞に勝ったアドマイヤジュピタ号が獲得したレイ

もつかないのですが、先を見通す力や細かい心遣いが必要不可欠であることは会話の中からもうかがい知れました。

その後も友道厩舎は順調に名馬を輩出。16年にはダービーを勝った「マカヒキ」で、世界最高峰のレース、フランス凱旋門賞にも挑みました。結果は14着でしたが、もう一度、凱旋門賞に挑む夢をかなえるべく、同じ道に進んだ息子、優一くんとともに挑戦を続けています。

18年には「ワグネリアン」で2度目のダービーに勝ち、ＪＲＡ賞の調教師部門の一つである年間最多賞金獲得調教師にも輝いた康夫くん。その活躍を見るたびに、私は息子を信じて応援し続けた叔父の言葉を思い出します。「夢は見るもんとちゃうで。夢は叶えるためにあるんやで」

友道康夫調教師一家（フランス・シャンティイ競馬場で）

5　卒業式の日の黒板　――ある若き教師の物語

3月10日(金)
1時間後、最高の式にしよう
2カ月後、新生活に慣れたかな?
3週間後、ここまではまだ中学生!!
4日後、ドキドキの合格発表
5年後、成人式で再会☺!
宿題・最幸の人生を!!
※この宿題の提出は、ありません☺

広島県内の中学校の卒業式当日、ある学級の黒板にこんなメッセージが書かれました。

その年、初めて卒業生を送りだす教師が、時間割の数字を使い、今日からの将来の予定を示したもの。何かを参考にしたのかもしれませんが、簡素、的確、そしてウイットに富んでいて心のこもった黒板です。決して華美でなく、質素であるのもいい。

卒業式は、旅の終わりではなく、始まりの日。そんな日に、こんな黒板を教室に添えられる先生は、とても素敵だと思いました。

おそらくこの先生は、ここに至るまで、教職の理想と現実、人生の苦難も経験したでしょう。黒板から、そこはかとなく感じられる生徒たちに関わりきれたという充実感と解放感は、そんな苦労があったからこそ味わえること。もしかしたらこの日は、この若い先生にとっても旅立ちの日であるのかもしれないと思うと、私は涙が止まらなくなりました。

なぜなら、この黒板の向こう側にはこんな物語があったからです。

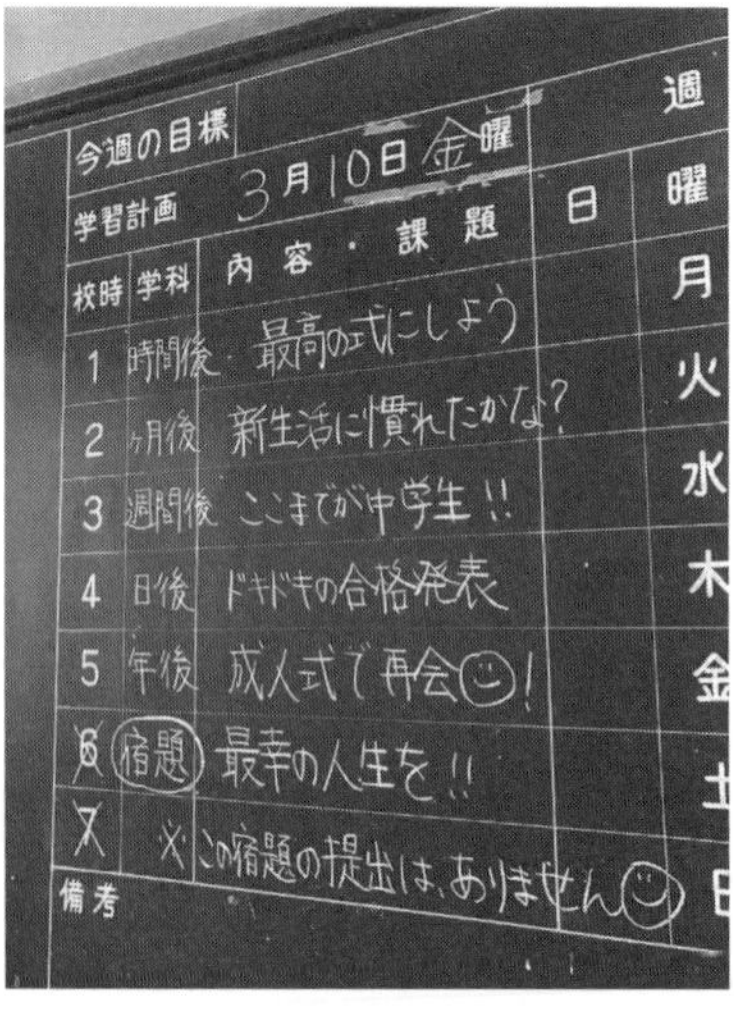

卒業式当日の黒板

黒板の向こう側

新採用された若い女性教師が着任してまだ間もないとき、学校を揺るがす事件が起きました。新人の彼女にはなすすべもなく、ただ日々懸命に教壇に立つだけだったのですが、2学期には心労でダウン。体育館で開かれた保護者集会で過呼吸を起こし、休養室に運ばれたこともありました。

その後、なんとか体調を持ち直し、学校には行けるようになるのですが、心が風邪をひいた状態に。

それでも4年目。自分を奮い立たせて休むことなく学校へ。次第に彼女は自信と笑顔を取り戻し、学年でも責任あるポジションを任されるようになりました。

そして迎えた卒業式の日。彼女は万感の思いで黒板の前に立ち、白いチョークを手にしていたのでした。

このお話、いかがでしたか。

「これ、先生の教え子の話ですか」。そんな質問が来そうですが、答えは「×」。実は、私の娘の話なんです。

新任してすぐに、嵐のような社会の波にもまれた娘。私たち夫婦はそれを何とか支えようと、少しでも家庭らしい雰囲気の中で彼女の心を癒やすために片道１２０キロの道を毎週通い、一緒に食事をとっていました。

そして娘が立ち直り、ほっと胸をなで下ろしていたとき、私のガンが発覚。闘病生活で苦しんでいた私の元に、卒業式の報告とともにＬＩＮＥで送られてきたのが、この黒板の写

真でした。

この日までの娘の気持ちを思うと、涙が止まらなかったのを覚えています。「最幸の人生を!!」。友道家にとっては勲章のような一枚の写真です。

そうそう。この4年間は娘にとって、悪いことばかりではなかったんですよ。

新しい校長が、娘の学級を補佐するために非常勤講師を雇ってくれたのですが、彼は今、私の息子に。そして私が授かった孫の父親をしているんです（笑）。

孫と

6 「順番だけは守ってくれ～よ」

私が何歳になっても親は親。私が還暦を過ぎようと、一瞬にして生まれたばかりの子どもに戻されるのが母親という存在でしょうかね。

「親死子死孫死」は、一休さんこと、一休宗純の言葉です。「親が死ぬ　子が死ぬ　孫が死ぬ」。一見、縁起でもないことを言っているようですが、その本来の意味は、親が死んで、次に子が死んで、その次に孫が死ぬ。みんな天寿を全うし、順に死んでいく。これほどめでたいことはない。「生まれたものは、いつの日か死ぬ」という現実からわれわれは逃れることができない以上、それが逆になってしまったら、これほど辛いことはないじゃないか――。そんな意味なのです。

一休禅師の深い洞察に脱帽しますね。

私が入院先から一時帰宅が許されたときのこと。わずか1泊でしたが、父や母と久しぶりにゆっくり話しができ、賑やかに夕餉を楽しむことができました。

翌朝。両親がともに、再入院する私を見送りに外に出てきてくれたので、妻に、両親と私の写真を撮ってもらいました。

「じゃ、行ってくるよ」。私が車に乗り込もうとしたとき、腰の曲がっている母が、杖を頼りにゆっくり歩を進めてきました。

「健氏。あの世にお参りするのには、順番というものがあるけ〜な。順番だけは守ってくれ〜よ。これだけは頼むで」

動きが一瞬止まりました。親に心配させまいと、明るく出て行こうとした矢先に、涙目の母親から「親より先に子が逝くことが最大の親不孝」と言われたのですから。そりゃ、動揺しますよね。

親より先に死ぬ、なんてことを真剣に考えたことはなかったけど、親の立場になると、わが子を見送るくらい辛いことはないでしょう。

私の葬式——。母は、私の棺の横から離れずにいるだろう。そして、独り言のように何かを語り続けているんだろう。流れる涙を拭き取りもせず、「どうして私より早よう逝ってしもうたん！」と嘆き続けている…。

一時帰宅から再び病院に向かう直前、自宅で両親と撮った写真。このあとの母の発した言葉にたじろいだ

そんな光景を想像するだけで、やりきれない気持ちに。それから先はもう母と目を合わせられ

なくなって、その場から早く逃げだしたくなり、ハンドルを持つ妻に、出発を促しました。

私の目からは、涙がしたたり落ちました。横には、無言でハンドルを握る妻。

「父よりも母よりも、1分1秒でも長く生きてやる」

遠ざかる年老いた両親の後ろ姿に、親の願いはぜひとも叶えなければと、車の中で心に誓ったことでした。

過去を悔まず
未来を怖れず
今を生きる
健氏かく

風吹かば吹け
雨降らば降れ
それも
うれしかりけり

第8章

ガン後のドラマ

福山地区大会で2連覇、県大会でもベスト4に進んだ2代目イレブンたちが我が家に集まってくれた（2018年7月）

1　最後の全校生徒への挨拶　――2017年3月9日

ガンを告知され、緊急入院してから2カ月後の2017年3月9日。私はパジャマからスーツに着替えて、大成館中学校の体育館に立っていました。

自分が校長として、全校生徒の前で語ることはもう二度とないだろうと、覚悟を決めて臨んだスピーチ。当時は、多発性骨髄腫治療の真っただなかで抗ガン剤の投与もあり、厳しい副作用に苦しめられていました。

生徒たちの集団の中に自分がいることは、感染症の恐れもあり、避けた方が望ましかったとは思います。でも、翌日に卒業式を迎える生徒たちに、校長としてこれだけは伝えておかなければと思うことがあり、主治医に無理をお願いして外泊許可をもらい、学校に向かったのでした。

スピーチは、私の家族にも聞いてもらいました。父として、伴侶として、教師として、人間として、どのように生きていたのか。スピーチを通して伝えたかったからです。

残念ながら、僕は明日の卒業式に出席できないが、一言、君たちに声を掛けたかったし、君たちに会いたかった。

人生ってな、本当に、思うようにいかんな、と思うよ。

僕が言いたいことは、明日、式辞で、教頭先生から代わりに言ってもらう。今日は僕しか言えないことを伝えて、１年生にも、２年生にも、３年生にも、君たちの将来に少しでも役立てれば、と思っている。


人生ってな、うまくいかない。


勉強しても、勉強しても、うまくいかないことって、いっぱいあるじゃろ。

先生も、こういう病気になってから、何でかな、といろんなことを考えたよ。

人生ってうまくいかないことの方が多いんだ。それが当たり前なんだわ。なんで、おれだけ…。

そんなこと思ってもしょうがないんよ。

前に進まんのや。

そんなときに、僕が心から思うのは、あきらめんことや。

どんなことがあっても、最後の最後まであきらめんことや。

努力してな、努力したって、成績上がるわけじゃないんじゃ。

上がる人ももちろんおるよ。先生は努力すれば成績が上がるというけど、上がらない、ということもある。

夢のない話をしてごめん。3年生の入試が終わっているから言うけど（笑）。

だけど、だけどな、努力したことは成績には直接結びつかないかもしれないけど、努力したことは絶対無駄にはならんのや。

絶対無駄にはならん。

君らの人生のいろんなところで、力になるんだ。

失敗をする、うまいこといかん。けんかする。だけど、そこで、よりよく生きていこうという努力を忘れてしまったら、何にもならんのや。

自分はこれだけだ、と思ったら、君らの才

最後の挨拶になると思い、魂を込めて話した

能はそれだけじゃ。

君らは、ものすごいエネルギーを持っているし、ものすごく素晴らしい能力を全員持っている。わしはバカじゃけ、運動がだめじゃけ…。そういう人も実際にはおる。成績悪い人もおる。でも、そのことと、その人の能力がイコールかというと、そうではない。たまたま今の努力がそれだけのこと、ということだ。

君らには隠れた能力がまだまだある。君ら自身が気付いていないだけや。

それを1年生、2年生、3年生、みんなで探して、自分で探して、友だちのも見つけてやろうや。先生たちも、生徒を指導するだけじゃないんだよ。生徒の能力を見つけてあげるんだ。見つけてもらった能力を、君たち自身で伸ばし…。伸ばすのは先生の力じゃないんだよ。

他人に頼るな。自分で伸ばせ。

勉強は自分でするもんや。スポーツも自分でするもんや。自分と自分との闘いだ。そして、最後の最後まで自分を信じ切れるかどうか。

それがあきらめん、ということ。僕は、今、その勝負をしとるんだ。

どんなことがあっても、絶対にあきらめん。絶対にここに立つために帰ってくる。

僕は、いろんな君らの能力を見つけてあげる。そして、その方向がいいんじゃないかと、アドバイスする。それが僕の仕事だと思っている。

だから、絶対帰ってくる。

でも、正直言って、治療は僕の想像をはるかに超えるくらいしんどい。でも、しんどいからと言って泣き言ばかり言ったら、前に進めん。

ここで、あきらめずに勝負するんや。自分の生命力との勝負なんや。

でな、生命力っていうのはな、がんじがらめにやろう、やろうというのじゃ前に進まんのだ。いろんな人にアドバイスをもらって、ときにはな、やっぱり、友達の力、仲間の力がいるし、それが大きいんだ。

君らが、この前、「三送会」で歌った歌、手紙でも書いたけど、あれを見て泣いた。ずっと泣いて、泣いて、帰って血液検査したら、ガンの数値が下がったんや。

下がったのはほんのわずかよ。でも「5日前の数値よりも下がっていますね」と主治医が言ったんだ。

たぶん君たちの歌が僕を感動させて、免疫力というか、自分の体の中で治そうとする自分の力、自分のパワー、それを呼び起こして、ガンをやっつけてくれたんだろう。

君らにはそういう力がある。

みんな力がある。

自分の力を信じろ。

それと、仲間の力以外にも笑いの力はすごいな、と思う。

笑ったり、泣いたりするのはすごくいいことだよ。

でな、僕は学生のとき落語をしてたけど、こういうときに落語していて本当によかったと思う。落語の中の笑いって、人のことを馬鹿にするような笑いばかりではない。あたたかい笑いがたくさんある。そういう笑いに触れていてよかったと思う。

最後にしょうもない話を語るから、どうか笑ってくれ。

先生、いま困っていることがある。抗ガン剤という薬を入れると、便秘になるんだ。そしたら全然うんこが出ないんだ。

本当に出ない。

で、トイレの中で先生ひらめいたよ。うんこと努力って似てるんだ、ということに。

うんこというのはな、一つ、毎日しないといけない。二つ、ぐっときばらないと出ない。三つ、努力した後は水に流すんだ。

ざ〜っとな。

最後に、努力した形は、絶対に人には見せん方がいいな〜(笑)。

ええか。どんな状況でも、あきらめない。

君たちの力、仲間の力、自分のもともと持っている力、それを結集していける集団になれ。それが大成館というあたたかい集団だ。

僕は、ずっとこの気持ち、この大成館にこの心を置いて、病院に帰ろうと思う。

一言、君たちに今思っていることを、お祝いのメッセージとして伝えた。最後にお礼を言わせてほしい。

僕は、この先生方と一緒に仕事ができて、本当に幸せだった。

そして1年生、2年生、3年生、君らと一緒に過ごせた時間が、僕にとっては紛(まぎ)れもない財産だ。

この先生たちと一緒に、過ごせたこと、学んで、理想を求めて、理想の学校を求めて4年間突っ走ってきたことを感謝します。

ここにいてくれて、ありがとう。

2　最後の式辞　──2017年3月10日、大成館中学校卒業証書授与式

全校生徒の前で語った翌日の2017年3月10日、大成館中学校の卒業式がありました。教頭に代読してもらう式辞を病室で書くのは、とても辛い作業でした。本来なら私が直接語ってやりたかったけど、卒業式に出席することはかなわないし、悔しいし、なんと言っていいかわからない。書き進むうちに涙が止まらなくなってしまいました。

私にとって最後の校長式辞。その分、短い言葉の中に伝えたいことを凝縮(ぎょうしゅく)させたつもりです。

みなさんは大成館中学校で数多くの経験を積んできています。勉強に部活、生徒会活動や合唱、友や先生との語らい…。これら一つ一つはすべてあなたたちの財産です。あなたたちを導いていく大きな力となってくれます。

「一生懸命はかっこいい」

「すべて、全員、全力で」

「掃除、挨拶、ありがとう」

これらは君たちがつくり、自分のこととして、生活の一部として実践してきた大切な言葉です。行事を成功させるための大きな原動力となりました。

では、行事が成功したとはどういうことか。これは何度も話しました。物事が『分かる』ということは、自分たちの行動が『変わる』ということなのです。本当に成功したかどうかは、行事が終わった後、皆さんの姿がどのように変わり、自分たちの集団がどう高まってきたか。行事そのものよりも、行事を通して日常生活がどのように高まったかが問われるのであって、どんなに素晴らしい行事をしても、自分たちが変わらなければ、行事は成功したとは言えないのです。

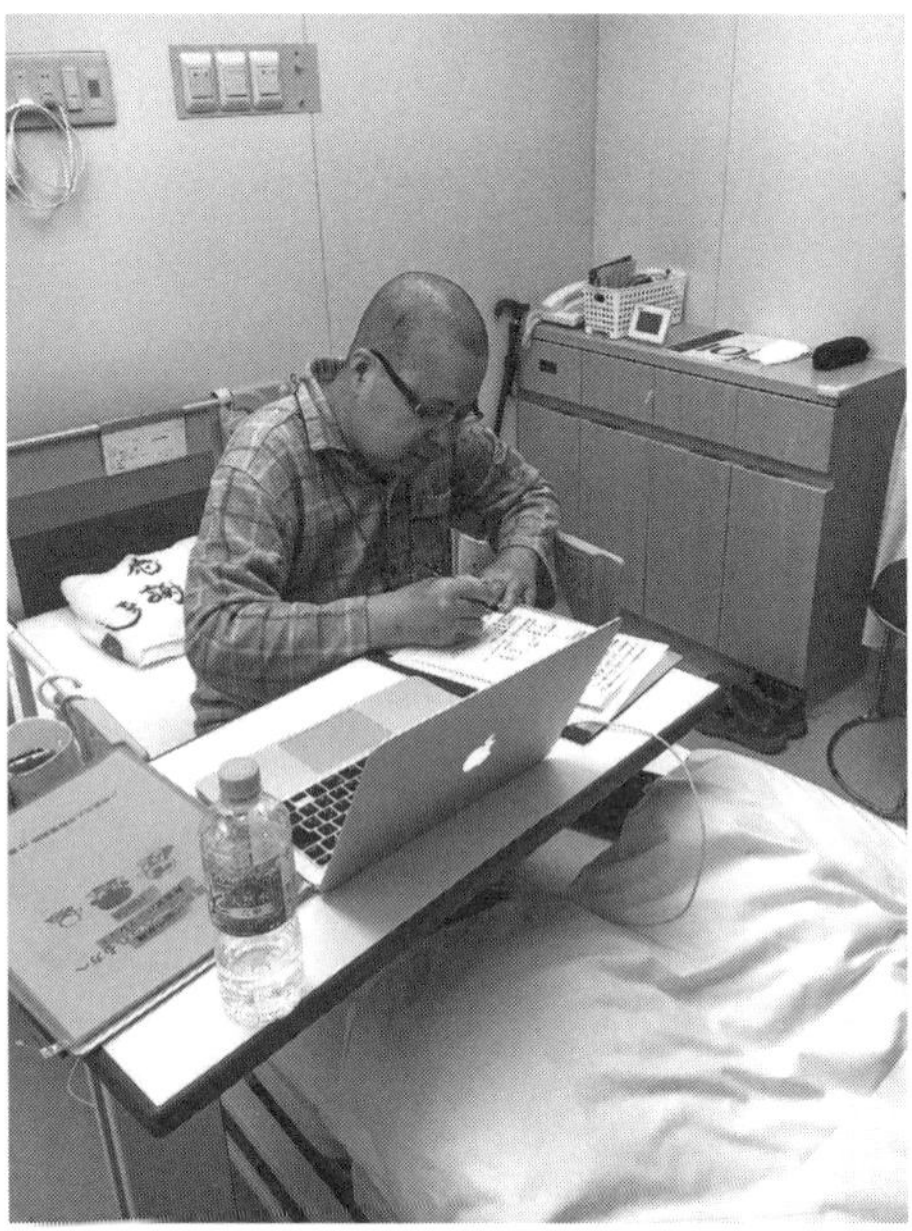
病室で書きものをする

人生、決して良いことばかりではありません。失敗や挫折がつきものです。そんなとき、人間は自分のことは棚に上げ、他人ばかりを批判して自分は変わろうとしないところがありますが、これを自分の力で、周りと協力して乗り越えて行かねばならない。これが「生きる」ということなんです。

ある会社の話です。

倒産したこの会社を、もう一度復活させようと乗り込んだ専門家がいました。

「この会社は必ず復活できる！」。一瞬見ただけで、この専門家は確信できたと言われました。

なぜでしょう？

理由は二つ。

一つは、工場にゴミがなく、整理整頓されて清潔感があるから。

もう一つは、倒産したのにかかわらず、社員さんのきちんと挨拶する声が工場に響き渡っていたから。

特別なことではないんです。どこでも当たり前にしていることなんです。ただそこで働いている人間が、当たり前のことを、「ひたむきに」努力している集団は、失敗しても必ず立ち直れる。つまり、変わるチャンスがあるということなんです。

変わることについて、科学の分野で進化論を説いたダーウィンが、示唆（しさ）に富んだことを教えてくれています。それは、『種（しゅ）の起源』において、どんな生物が生き残ったかという生命についての興味深い気づきです。

この世の中で生き残った最も強力な生物体といえば、どんな生物を想像しますか？　ダーウィンは以下のように結論づけています。

一番強い生物が勝ち残ったのではなく、一番賢い生物が勝ち残ったのでもない。勝ち残ったのは、周りの環境に適応し、自分を変えることができた生物だけなのだ、と。

自分を変える力というのは、生き抜くパワーがあるということ。自分を変えるということは、自分が少々しんどいからといって投げ出さない生き方であり、最後まで「諦めない」ということなのです。

私は突然の不幸に遭う経験をしました。

とても辛く残念です。

しかし、この経験のおかげで見えなかったものが、たくさんわかるようになりました。

その一つが「諦めない」ということです。

在るものを、在るがまま、心静かに受け入れるからこそ、「希望」が湧いてくるのです。

イギリスを代表する有名な政治家ウィンストン・チャーチルの言葉です。

「成功の秘訣は、失敗しても、何度失敗しても、成功するまで意欲を失わずに挑戦し続けることだ」

分かることが変わることに高まったきっかけには、必ず友達の存在があったはずです。友達と協力し、大きな感動を体験できたのです。この感動体験こそが、あなたたちをさらに高い次元へ導いてくれたのです。

あなたたちは決して一人ではありません。これから、多くの友や仲間とともに、新たな世界を切り拓いていくのです。

大成館という誇りある学校で学んだ力こそが、あなたたちを新たな世界へと導いてくれます。

最後に、旅立つあなたたちの未来が大きく花開くことを祈りながら、私の尊敬する吉田松陰先生の言葉をみなさんに託(たく)して式辞とします。

夢なき者に　理想なし
理想なき者に　計画なし
計画なき者に　実行なし
実行なき者に　成功なし
故に
夢なき者に　成功なし

3　奇跡のイレブン

「えっ、ウソじゃろ！」

サッカー部の顧問からの連絡に、思わず病室のベッドから跳ね起きてしまいました。昨秋（2016年11月）の新人戦では、2年生3人、残り7人は1年生と、メンバーが10人しかおらず、1回戦は勝利したものの、2回戦は大差で敗退。冬の大会でも0対5とか、0対10とか、大差で負けていたチームが、17年6月、中学生活の総決算ともいえる最後の大舞台、福山地区中学校春季総合体育大会で地区優勝を果たしたというのですから。

「ありえんよ、そんなこと」。つい、こんな言葉が続いて出てしまったのですが、何度確認しても初優勝はうそではありません。あまりにもうれしくて病室で小躍りしました。

内容もすごい。ほとんどの試合が逆転での勝利。準決勝では0対1で負けていたのに、後半最後の2分で、2点をもぎ取る逆転勝利と、まるでドラマの世界のような快進撃です。

その後出場した県大会では残念ながら、1対2で敗れてしまいました。でも、彼らを破ったチームが広島県代表として中国大会に出場したんです。

でも、何でこんな快進撃が…。

思い返すと、ケガで10人がそろうこともままならない状況のときでも、顧問も選手も決して手を抜かず毎日必死でボールを追い求める姿が…。「冬場の厳しい練習を通し、ボロ負けしていたチームが少しずつ相手チームと互角に戦えるようになってきました」という、顧問からの報告も受けていました。

後日、この快進撃を、朝日新聞が大きく取り上げてくれたのですが、取材した金子元希記者の質問に、彼らはこんなふうに答えていました。

「1試合でも多く勝つと校長先生に喜んでもらえると、先生のことをいつも思っていた」

「ミーティングなどで、校長先生のことを話したことはなかったけど、みんな心の中で校長先生が病気と闘っておられる姿を忘れたことはなかった」

「校長先生は明るく、いつも練習を見に来てくれたし、ときには指導もしてくださった。そんな校長先生の喜ぶ顔を想像していた」

「優勝したのは全国大会への一里塚だと真剣に考えるようになれた」――

試合で最後の最後まで諦（あきら）めなかったのは、日頃の学校生活でも簡単に諦めないことを貫いて、みんなで頑張り抜いてきたからでしょう。彼らは私が言うことを信じ、あきらめず、ゲームセットになるまでボールを追い続けた。その結果、準決勝、決勝と逆転での勝利をつかむことになった。

ありえないことをやり遂げた彼らを、私はこう名付けました。「奇跡のイレブン」と。

後日、陸上部からも連絡があり、男子100メートル、200メートル、400メートルの各種目で中国大会に進出できた、と。「校長先生の力になる！」を合言葉に、みんなで頑張ってくれたと聞きました。

こうした一連の出来事は、ちょうど私が「自家移植」という厳しい治療に向き合おうとしていた時期。生徒たちの頑張りが、私の背中を強く押してくれたのです。

こんなに私のことを思ってくれている生徒たちに囲まれて、私は本当に幸せだった。彼らの快進撃が、辛い治療を行う私をどれだけ勇気づけたことか。

本当にありがとう!!

少々辛いことがあっても、生徒たちが届けてくれたプレゼントに応えようと、必死で耐えることができたおかげで、移植もうまくいき退院できたと思います。

その年の7月、私は大成館中学校を4カ月ぶりに訪ねました。それは、サッカー部のイレブンと顧問が、福山学校元気大賞「あなたが素晴らしい部門」をいただいたからです。

その日は泣くまいと心に決めていたのですが、メンバーと会った途端、その誓いは脆くも崩れてしまいました。

福山市教育委員会・三好雅章教育長によると、元気大賞の受賞理由はサッカー部が地区優勝したことではなく、一般市民から次のような投書があったからでした。

投書には、大成館中学校のサッカー部の戦い方や、挨拶、礼儀、大会運営の準備、片付けと、笑顔で率先して協力していたこと、顧問の熱血指導に感動したことがつづられていました。この投書を受けて、福山市全体の中学校の生徒のお手本として、サッカー部と顧問を表彰してくださったというわけです。

表彰式は全校生徒で祝いました。そのとき、生徒たちにも話したのですが、表彰の対象はサッカー部だけれども、学校の全員で受賞したものだと思っている。学校全体で、「掃除、挨拶、ありがとう」に徹底して取り組み、「一生懸命はかっこいい！」という考え方が学校文化として定着しているから、生徒全員が表彰されたのだ、と。

三好教育長が直接、サッカー部の生徒と顧問に表彰状を渡されたとき、私は心がふるえました。そして、この表彰を祝う全校での合唱にもまた感動し、涙があふれてきました。

さらに泣かせる出来事が。

体育館を後にしようとした私を、生徒指導主事が抱

教育長から表彰される奇跡のイレブン

きしめて叫ぶのです。

「絶対に、絶対に校長先生、帰って来てください。僕は先生から退職の通知を手渡してもらいたいんです」

その年限りで定年退職することになっている教師が、生徒の前であることもはばからず、嗚咽しながら…。周りを囲んだ教職員も涙で顔がグチャグチャになっていて、私も涙が止まらなくなった…。

これが、大成館が目指す教育の姿なのです。大成館中学校、本当にありがとう!!

2018年3月10日は大成館中学校の卒業式でした。私も参列して卒業生を見送りたかったのですが、体調を考えて自宅で1人、お祝いをしました。

と、午後、何やら来客が。玄関先に、サッカー部の生徒と監督が、全員で寄せ書きした特大の横断幕を持って立っているではありませんか。

3年生の卒業を祝い、彼らを励ますつもりが、「お世話になりました」とお礼を言われ、気がつけば、目からあふれるものを抑えることができませんでした。

一人一人の思いが詰まった言葉。でも、こんな大きなもの、どこに飾ればいいんだか…。そんなことまで考えて作っていないところが、また余計にかわいい(笑)。

完全に上気していた私は、彼らと一緒の写真を撮ることも忘れる大ミス。手元には、女房と2

人で横断幕を持っているという間抜けな写真しかないのですが、大成館中学校みんなの気持ちと思い、私の宝物になりました。

みんな、ありがとう。

そして卒業おめでとう。

ブラボー！　大成館。

さて、サッカー部のその後。翌２０１８年、２年生から最上級生になったメンバーがチームをまとめ、再び福山地区大会で見事優勝。２連覇を果たしました。

そして、広島県選手権大会でも勝利を重ね、見事、３位になったのです。

縁あって、私と関わることになった生徒たち。これからの人生で、彼らがどんなドラマをつむいでくれるのか。楽しみでなりません。

奇跡のイレブンにもらった寄せ書き。あまりのうれしさに、彼らと一緒に写真を撮ることを忘れた

4 「先生の存在が大きかった…」

「お疲れさまでした。ゆっくりと療養に専念してください。先生から学んだことは一生忘れません」

闘病していて最も辛い時期に、教え子の一人からこんなメッセージをもらい、思わず涙しました。

かつて児童相談所と連携し、受け入れてくれる児童養護施設を探し回ったことがある生徒でした。見つかったのは、瀬戸内海を見渡せる小さな施設。私は車を走らせ、彼を引き受けてくれるよう園長先生にお願いしました。

普通、校長はそんなことまではしません。でも、当時のことを振り返れば、彼を取り巻くいろんな不条理に腹を立てていたことが、私にそうさせたのだと思います。

それ以来、彼とは音信不通となっていましたが、今年に入り、私のフェイスブックを見つけた彼が友達申請してきました。

その後、しばらくして心身の調子を崩（くず）した私は、治療に専念するためにフェイスブックなど外部との交流をやめると宣言しました。すると彼はいち早く、冒頭に掲げた励ましのメッセージを送ってくれたのです。

メッセージをもらったあと、彼とはメールを通していろんな話をしました。近況を聞き、落ち着いた暮らしをしていることに、ひと安堵（あんど）。そんなやりとりの中で、「先生の存在が大きかった」という言葉に驚かされました。

多分、彼には当時厳しいことも言ったと思います。でも、気持ちは通じていたんだと思うと、うれしくてベッドの上で涙が止まりませんでした。教師をしていてよかった。そう心から思えた瞬間でした。

どんなに苦しくても、生きておらなきゃいかんですね。

5　教え子がくれたクリスマスプレゼント

全校生徒に行った最後のスピーチから2年後の２０１９年12月24日。朝日新聞のオピニオン面「声」のコーナーに、２０１７年3月時、大成館中学校の1年生だった白根アリッサさんの投稿が掲載されました。

胸に刺さった校長先生の言葉　高校生　白根アリッサ（広島県　16）

中学1年の冬、悲しい知らせが生徒全員に伝えられた。校長先生が、血液のがんで入院することになったのだ。いつも本気で生徒と向き合ってくださった先生が好きだったので、ショックだった。

卒業式前日のリハーサルに登校され、「どんなことがあっても、最後まであきらめんことや」「絶対に、ここに帰ってくる」と言われ、胸に刺さった。

先生は若い頃サッカー部の顧問をされていて、よくサッカーの練習を見ていた。だから部員は、闘病している先生のために地区大会で優勝することを目標にし、宣言通り優勝して県大会に出場した。

生徒をほめる時、大きな声でこぶしを上げながら「ブラボー」と言われる姿が忘れられない。そして話してくださった言葉は一生忘れない。

――――

アリッサさんは日系ブラジル人。兄さんはサッカー部で、「奇跡のイレブン」の2学年上の世代でした。突然、思い立ったようなのですが、すでに中学校を卒業しているし、中学校の先生も彼女が投稿したことを知らなかったので、掲載を知ったときはたいそう驚きました。

自家移植が終わりホッと一息ついた頃のこと。まさに、教え子が私にくれたクリスマスプレゼントになりました。

6　生きるって素晴らしい　――ライ麦の根

「生きている」ということが、どんなにすごいことなのか。それを考えさせられたエピソードがあります。

米国のアイオワ州立大学の生物学の博士が、30センチ四方、深さ50センチの木箱に砂を入れ、1本のライ麦の苗を植えました。水を与えること数カ月。栄養はあまりないから、ヒョロヒョロとした、実も大してつけない貧弱なライ麦が育ちました。

実はこれ、このライ麦の命を支える根の長さを測るための実験でした。根といっても、目に見えるものだけでなく、根の先に付いた、裸眼では見えない細かな根毛（こんもう）まで測りました。

さて、それらを足した根の総延長はどれくらいの長さになったか。なんと1万1200キロメートル。地球一周が約4万キロですから、実に地球の円周の4分の1の長さということになります。

見た目は、1本の貧弱なライ麦ですが、その命は、必死になって水分や窒素、リン酸などの養分を取り込む1万キロ以上の長さの根によって支えられている。

このことを知れば、見かけは貧弱なライ麦でも、「お前、実が少ないじゃないか」とか「背丈が低いじゃないか」「色つやもよくないじゃないか」とか馬鹿にしたり、悪口を言ったりする気持ちにはなれません。逆に、「よくがんばってそこまで伸びたな！」と、ライ麦をほめてあげたくなりませんか。

君たちの命、先生たちの命、家族の命…。命を支えるために、貧弱なライ麦のような気の遠くなるような営みが、私たちの体の中で毎日繰り返されているのです。自分の命がどれほど頑張って自分を支えているかを、考えてください。

私たちは、今ここに生きているだけで、かけがえのない、素晴らしいことなのだということを忘れないでほしい。あなたたちは、生きているだけで素晴らしいのです。

＊

実はこれ、私のガンが発覚する前、校長挨拶として生徒相手にした話。今読み返すと、図らずも「多発性骨髄腫」とともに生きることになった、自分に向けた話のようですね。

不登校は特別なことではない

さて、不登校というと特別な生徒が陥(おちい)るような印象を持たれている方が多いと思いますが、違います。

ふとしたことから誰でも風邪をひくように、不登校はどの子にも起こりうる症状。いわば、「心が風邪をひいたような状態」なのですが、その原因は多岐(たき)にわたり、一人一人の状況は全て異なっています。決して特別ではないことを、親も、子どもも、先生も知らなければなりません。風邪をひき、熱が出ると誰でも学校を休みます。それと同じで、休むことは特段、不思議なことではありません。今、学校に行っている生徒の中でも、心の底では悩み苦しんでいる人は当然いるんです。

急に学校に行けなくなって、「なんで?」と周りの人が思うこともあるでしょう。でも、心の中が心配ごとでいっぱいになって動けなくなるって、おかしいことでも何でもないんです。

そのことを踏まえた上で、不登校生徒の皆さんに、私から送る言葉は次の通りです。

「生きるって素晴らしいよ!」

これには説明が必要です。

なぜ「息苦しさ」を感じるのか

生きていて、誰しも「息苦しさ」を感じることはありますよね。では、「息苦しさ」の正体とは何でしょうか?

私がガンになって入院し、つらい体験をしたから、わかったことがあります。

何が辛いか?

治療が辛い。それもあります。

私の場合、人に会うことが辛くなる時期がありました。

誰にも会いたくない。だからお見舞いにくるといわれても理由をつけて、ほとんど誰とも会いませんでした。

なぜ、そうしたか。

お見舞いに来られると、心配していろいろ聞かれます。それに対して私はできるだけ説明をします。

「10万人に数人の珍しい血液のガン」「5年後の生存率は50％」「腫瘍は全身にまとわりつき骨を溶かしている」――。骨髄腫について理解している方などほとんどいないから、自分で説明しながら、その言葉を自分の耳で聞く。これを、見舞いのたびに繰り返すのです。

自分の言葉で、自分の心に突き刺さるようなことを毎回口にしていると、さすがに精神的に参ります。それでも、頑張って説明しようとするから、見舞いの方が帰られた後の疲れは尋常（じんじょう）ではなく、しばらく寝込むことさえありました。

それ以上に心に突き刺さるのは、他人に心配されているのがわかること。

見舞いにきてくださった方の表情でそれがわかると、その後の落ち込みが激しいのです。だから、他人と極力会わないという選択をしてきたのです。

後ろめたさのようなもの

「息苦しさ」の話に戻します。

他人に心配をかけてしまうことへの罪悪感や、後ろめたさのようなもの。これこそが「息苦しさ」の正体だと私は思います。

生徒が不登校になり、学校を休みがちになったとき、親や先生に迷惑をかけることへの後ろめたさが心を覆(おお)いだすと、さらに自分を苦しめるんです。

では、どうすればよいのか。

堂々と学校を休む選択肢を、周りの人が認めてあげてください。

学校に行かないと勉強が遅れるじゃないか。そこを案じる方もおられると思います。

でも、長い人生、1年や2年の遠回りがそんなにマイナスでしょうか。何もしていないようで、本人の中では葛藤(かっとう)もするし、どうすればいいか、必死で考えています。それはある意味で、生徒が自分自身と向き合う、大きな意味を持つ時間だと周囲が理解することが、当事者である本人が、息苦しさから脱却できる方法だと思えるのです。

そのために、親や先生たちにお願いがあります。

子どもたちの心に寄り添ってあげてほしいのです。子どもたちが抱えている息苦しさに耳を傾けてほしいのです。

解決をしようとしても、できないことが多いのは事実でしょうが、心の声に耳を傾けることはできるでしょう。それが、とても重要な営みだと思います。

別の出会いで見つかること

私自身、多発性骨髄腫で入院しているとき、息苦しさの上に厳しい治療で、このまま死んでしまったらどんなに楽だろうかと一瞬、心の中で思うことがありました。「どんなことがあっても、絶対にあきらめん。絶対にここに立つために帰ってくる」と全校生徒の前で宣言した私がですよ。無菌室は孤独との戦い。不安が不安を呼び、どんどん膨れ上がってくるんです。

でも、それから1年たった今はどうでしょう？

娘が結婚し、孫が誕生しました。

毎日、孫の守りをして暮らしています。

孫に会えたとき、心の底から生きていて良かったと思えました。

「生きるって素晴らしい！」と叫んでしまったくらいです。

それはあの苦しい治療を乗り越えたからこそ、より強く思えるのです。

不登校で苦しんでいる生徒の皆さんは、今を考えることで必死です。でも、時間がたてば、時間がたてばきっと別の喜びや生きがいを見つけることができるようになります。おそらくそれは、今の悩みが解決するからではなく、別の出会いによって出口が見つかるからです。私の経験では、そういうことが多かったのです。だから、そんな出会いの機会にめぐり逢うために、いつでも門(もん)戸(こ)を開いていていてほしいのです。

具体的に言えば、それは自宅から出る機会。自分の部屋にこもっていては、出会いの機会はなかなか訪れてはきませんからね。

あなたたちの未来は、あなたの前に広がっているんですよ！

生きるって素晴らしい。あなたも、そして私も。

7　勇気とは静かなること

あなたは幸せですか？

こんな問いを出されたら、あなたは、どうお答えになりますか。

私が罹患（りかん）した多発性骨髄腫は、完治も難しく、5年後の生存率は50パーセントといわれています。こんな私は不幸なのでしょうか。

そりゃ、入院中は辛かったです。いつ自分の命の炎が立ち消えるかわからない不安や恐怖と同居する生活を、普通、幸せとは言いませんよね。入院中は何種類もの薬の錠剤を皿の上に並べ、「これがきょうのご飯」と、フェイスブックでつぶやいたこともあるし、退院した今でも、抗ガン剤の投与は続いていますから。

これが入院中の「ごはん」

それでも私は、自分が不幸だなんて思えない。むしろ、自分は幸せなんじゃないかとさえ思えます。それは、私がガンの当事者にならなければわからなかったことを、知り得たからです。

それは、退院して自宅に戻り、家族と落ち着いて暮らせている今だから言えること。こうして冷静に自分の病の現実と向き合っていると、自分が生かされた喜びと感謝の気持ちであふれます。まず第一に、多発性骨髄腫の臨床経験豊富な医療チームと出会えたこと。それによって、この病を克服できる切符を手にしたと思います。最も厳しいときには、ふらついたこともあったけれども、これまで諦めず、希望を持ってガンと向き合えたのは、周りの方々の支えのおかげです。

自らの命と向き合う日々は、貴重なことを私に教えてくれました。それは、頑張らないという生き方です。

頑張らない。
でも諦めない。

在るがものを在るがままに受け入れる。焦らず、心静かに日々の営みを行う。一休宗純も、そんな生き方を示唆するような句を詠んでいます。

風吹かば吹け
雨降らば降れ
それもまたうれしかりけり

危機に直面すると、人間はどうしてもパニックに陥りがちです。でも、そんなときでも、冷静に笑みを浮かべ、いま置かれている状況を受け入れられたとき、視野も広がり、それまで見えなかったものに気づくことが多々ありました。それこそが、絶体絶命に追いやられたときの解決策になるのではないか…。日々、命と向き合うなかで、心静かに笑顔でいることこそが、生きる力を増すとガンに教えられたのです。

その気づきを、自分なりに言葉にしました。

勇気とは静かなること

自宅の書斎の窓から外を見やると、澄んだ秋空が広がっています。無菌室の窓から見て感動した、どこまでも、どこまでも続く青い空。それを美しいと思える自分がここにいます。

美しいものに
感動する心が
ある限り
生きぬける

これぞ人生の指南書 ――応援に代えて

岡崎 好秀

常々、教育者の話はおもしろい、と思っている。長い時間軸から生み出される思考、そして実践。一流の教育者は、10年後、20年後の生徒の姿を俯瞰し、どうすれば豊かな人生を歩んでいくことができるかを考えながら、生徒に接していることに感心させられるからだ。

かつて私が勤務していた国立大学には、難関を突破した優秀な学生が集まってきていたが、あるとき、学生には二つのタイプがあることに気づいた。

まずは、大学に入学することをゴールとしてきたタイプ。彼らは入学したら、次は卒業し、就職することがゴールとなる。だが就職とは、これから社会人として生きていくための始まりに過ぎない。学業という坂を上ったとしても、そこには青空はなく、さらなる坂が待っている。

もう一方は、自ら学ぶ喜びを知り、勉強してきたタイプ。彼らには、前者のような直線的志向はない。たいてい、どこかで道草を食い、回り道していた。

どちらが将来、より楽しい人生を送れるのか。それは言うまでもないだろう。

さて、私は友道健氏先生の在職中、生徒に歯と口の健康の話をするため、福山市立大成館中学校を訪れたことがある。これまで数多くの学校で話をしてきたが、実を言うと、私は中学生に話をするのが一番苦手である。それは、急激な体の発育に心が伴わない、不安定な思春期のど真ん中にいるから。学校によっては途中で席を立つ生徒さえいるし、話しにくいこと、この上ない。

ところが、である。大成館中学校は、玄関を入ったところから様子が違った。廊下や窓は磨き上げられ、ちり一つ落ちていない。生徒とすれ違うたび、大きな声で挨拶される。

講演中も、全生徒が熱心に話を聞く。終わった後は、感謝の意を込め、皆で合唱。こんなことは初めてだ。

皆が心一つにして声を合わせ、大きな声で歌う。よほどの大きな力が働かなければ、こうはならないはずである。中学生だから上下関係の力で動かそうとすれば、必ずや反作用が返って来る。しかしどう見ても、そのような様子は感じられない。それどころか、生徒自らが考え、動いているようにみえる。まさにアンビリーバボーである。

私立ならともかくも、公立中学である。いかにして、このような学校をつくり上げたのか。その答ともいえる友道流の教育論は、この本を読み進めるうちに明らかになるのだが、途中から、その思想と実践は、われわれ自身に、人としての生き方を問う内容であることに気づいた。

これぞ、人生の指南書である。冒頭に例示した、大学に入学することをゴールとしてきたタイプの学生が私の下に来たら、黙ってこの本をプレゼントするに違いない。
読み終えるや否や、次が読みたくなった。友道先生。「方円の器Ⅲ」の出版は、いつになりますか？

（国立モンゴル医科大学歯学部客員教授）

あとがき

この本は2017年に刊行した『方円の器～奇跡の中学校長が語る教育と学力』（佐藤剛史編、書肆侃侃房）の続編にあたります

2冊目の本の制作に名乗りを上げてくださったのは、西日本新聞のコラム「佐藤弘のよか話を聞いたとですよ」に、何度も私のエピソードを掲載した佐藤弘記者。私家版「方円の器」（Ⅰ～Ⅴ）からどれを『方円の器Ⅱ』に採用するかは、ほぼお任せだったのですが、佐藤記者は、教師になる前から校長を辞職するあたりまで、私の歩んだ道のりを記した作品を選択。ガン闘病記「病室落語」と、教師としての歩みを交差させながら、「生きることの素晴らしさ」をテーマに構成されました。

なかには失敗談や、若気の至りとしかいえない学生時代の話もあり、私としては全裸にされたような恥ずかしさがありました。でも、それらも含めて私の成長記録として包み隠さず公開することで、あとを託した教師、子育て世代、これから社会に飛び出そうとする若者たち、病と闘っておられる皆さんたちにも、笑いと夢、そして希望を届けることはできるのではないかと、佐藤記者と何度も原稿をやりとりする中で、思いはじめるようになりました。

わかることは、かわること

佐藤弘のよか話を聞いたとですよ

ある卒業式

春、出会いと別れの季節。旅立ちの儀式の中で、中学校を卒業する教え子たちが見せた心温まるエピソードを、昨春まで広島県の福山市立大成館中で校長をされていた友道健氏先生(59)からお聞きしました。皆さんにご紹介します。

× ×

式では、担任教師に名を呼ばれた卒業生が「はい」と言って立ち上がり、一人ずつ壇上に上がり卒業証書を受け取ります。欠席者がいると、当然、返事はありません。ところが、ある生徒の名前が呼ばれた時、クラス全員から「はい!」という大きな声が上がったのです。実は、その生徒は不登校で、式も欠席していました。クラスメートがみんなで代返したのでした。

担任教師は内心、慌てたようですが式典は何事もなかったように進みました。すると、次のクラスでも同じ事が起きました。欠席生徒の名が呼ばれると、クラス全員から「はい!」という大きな声が返ってきたのです。

予定にない出来事に3年生の担任たちは、誰かほかの先生の指導でやったのだろうと思ったそうです。

真実はこうでした。

最初のクラスでは、式に臨む前にある生徒が「休んでいる生徒の代わりに皆で返事して、クラス全員で卒業したことを喜ぼう」と提案した。次のクラスは、前のクラスが欠席生徒の代返をしたのを見て、式の最中に目配せし合い、ぶっつけ本番で同じことをしたというのです。

すごいことだと思いました。卒業式の厳粛な雰囲気の中でのアドリブ。大人だってできることではありません。この話を伝え聞いた欠席生徒と家族はうれし涙が止まらなかったそうです。

× ×

不登校の仲間を思いやり、代返した生徒たちと、そうした思いを推し量り、即座に同じ行為をやってのけた次のクラスの生徒たち。

「わかることは、かわること」。「わかる」と「かわる」。「わ」と「か」が入れ替わっているだけだけど、理解したこと、学んだことをすぐに実践に移そうじゃないか。これは、大成館中を率いた友道先生が学校経営の柱の一つにしていたことでした。

「わかることは、かわることを大舞台でやってくれた生徒たち。われわれが目指していた教育は間違いじゃなかった」

教育者としての思いにあふれる友道先生。話はどんどん深まり、熱を帯びていきます。続きは次週へ。(編集委員)

(西日本新聞朝刊、2018年4月6日)

＊

私は、これまで校長として2校、教頭として1校において、学校経営の最前線におりました。自分の学校経営をふり返ると、やはり菅茶山（かんちゃざん）先生の影響を受けていると思います。学校は学ぶ場所であるが、学ぶ前にその環境を創ることから始めることが大切だと思い、実践を積み重ねてきたのです。

私が好きな言葉に「心には形はない。しかし、心ほど形に現れるものはない。だから、形を整える」があります。学校全体や生徒一人一人に学ぼうとする雰囲気がなければ、教育の成果も十分に求めることはできないと考えたわけです。

では、どうやって学ぶ雰囲気を醸成するのか。

私は、シンプルに考えました。人は伸びようとするとき、素直な心になるもの。素直な心があれば相手を受け入れ、ともに関わり合いながら前に歩んでいくことができます。ならば、まず生徒を素直な心にさせることから始めよう、と。

そして、柱に据（す）えたのが、私が学校経営の〝三種の神器〟と呼ぶ、他人と積極的に関わる「挨拶」、他人のために美しい環境を整える「掃除」、他人への感謝の思いを伝える「ありがとう」でした。

そうして、この「掃除、挨拶、ありがとう」の三つを、教師も含めて学校全体で徹底していくことからスタートしました。学校のルールも、自分たちが学校生活を円滑にするためのものと考えて、自ら守っていこうとする集団に高めていく方針を掲げた上で、学力向上に取り組みました。素直な心を持つと、生徒たちの目は変わっていきます。乾いたスポンジのように、何でも吸収しようと授業に臨んできます。教師もいいかげんな教材研究では、生徒たちの学ぶ意欲に応えることができません。授業中、生徒の鋭い質問に、教師がタジタジとする場面に何度も出くわしました。

こうした取り組みが浸透するにつれ、生徒全員が、母校への誇りを持てるようになりました。それこそが、人の目を気にすることなく、校歌を抜群に大きな声で楽しく歌える理由であり、生徒会を中心に歌声による集団づくりを推進してきた大成館中学校では、生徒全員が「大中文化は歌声だ」と、自信満々に語るまでになりました。

*

授業で大切にしていたのは、体験の重視です。授業中に体験を通して学ぶようにしただけではなく、教室で学んだことと生活体験を関連させて考える習慣をつけるようにしました。教室内で学んだことを教室外の生活で考えることで、生徒の思考力がさらに深まるからです。

本書の中で何度も触れた「わかることは、かわること」。この言葉についても、教師によく話しました。

例えば、体育大会が成功裡に終わったとします。でも、それだけでは駄目。行事のあと、学校が、どのように変わったかを見届ける必要があるのです。もし、体育大会の後、学校全体の雰囲気がたるんでくるようであれば、何のために行事をしたのかわからない。行事が終わった次の瞬間から、本当の勝負が始まるのです。

生徒たちにも、「どこが変わったのか、自分自身をよく見つめなさい」と指導してきました。本当の意味で生徒が何か理解したり、これまで以上のことができたりしたら、どこかが変わるはず。教師はその生徒の変容をしっかり見てとり、次の取り組みに生かすことが大切なのです。

中学生ともなると、失敗することに大きな抵抗があります。「失敗したり挫折したりすることは恥ずかしいことじゃないんだ。誰にでもあることなんだよ」。教師は、それをベースとして生徒指導にあたってはいましたが、思春期にある彼らのこと。現実はそう一筋縄でいくものではありません。

それらの抵抗を乗り越えさせるには、体験を通して感じ取らせることが重要なのです。そのための大切な要素の一つが「徹底」です。どんな些細(ささい)なことでも中途半端ではなく、徹底してやる。「凡事徹底」の姿勢が、教師に共有されているかどうか。そこがポイントだと考えていました。

歌声活動でも、生徒会活動でも、部活動でも、なんでもいいのです。大事なのは、自分の持ち場で一所懸命にやること。そのことを端的に表現した言葉が「一生懸命はかっこいい！」なのです。額に汗する「掃除」も、大きな声の「挨拶」も、感謝の気持ちを満面の笑みで返す「ありがとう」も、すべて最高に「かっこいい」。そうした価値観の醸成(じょうせい)に努めました。

＊

こんなふうに教師や生徒たちと歩を進め、理想の学校の実現に大きな手応えを感じていた矢先に、私はいきなり原因不明の腰痛に襲われて、立つことも歩くこともままならない状況に追いやられました。精密検査の結果、私の病について信じられない診断結果が医師から伝えられたのは、本書の「病室落語」にある通りです。

5年後の生存率も高くはないなど、私の平常心を失わせるには十分なことばかりでした。

これまでの闘病生活を一言でいえば、「絶望」との闘いでした。自分の心に、何度この言葉が襲いかかってきたでしょうか。２０１７年1月のガンの告知に始まり、入院、移植、退院、そして再発して再び入院…。自分はあと何年生きることができるのだろう？　追い求めていた夢、思い描いていた幸せが、足元から崩れ去っていくのですから。

そんな状況下でも女房は、そっと私の肩に手を添えて「お父さんは死ぬ人じゃないから、大丈夫だよ」と元気づけてくれました。女房はピアノ講師なのですが、私の病を契機にそれらの大部分を辞め、看病に専念。どんなときにも笑顔を絶やさず、支え続けてくれました。女房の存在なくして今の私はないと思っていますし、最大級の感謝をしています。ありがとう。

家族の支えは、本当にありがたいものでした。娘たちが結婚し、孫が誕生しました。孫の笑顔を見ていると、この子が小学校に入学する日を自分の目で見たくなりました。

この子たちの中学校への入学、高校への入学、成人式が済んだら一緒にお酒を飲みたいと、希望は欲望へと変わっていき、私の頭の中を駆け巡っていくのです。これが生きる力として、私にほんの少しの強さを与えてくれたのです。

では、皆さんにメッセージを。

まず、教師の後輩たちへ。

「生き方が教育に出る」。私の座右の銘です。

AとBという2人の教師がいて、同じようなことをしても、生徒の反応が全く違うことは往々にしてあります。

本来、そのようなことはないに越したことはないのですが、生徒たちは教師一人一人の生き方をよく観察しているのです。それは教師の立ち居振る舞いを通して、その人が信頼できる人かどうかまで見通そうとしているからだと思っています。

私たちが生徒を信じていないと、教育の成果は高まりません。では、生徒の何を信じるのか？

それは、「努力すれば君は伸びる！」ということなのです。それを教師が心から信じているか。生徒が肌で感じているのは、そんな教師の心根なんです。

「努力すれば君は伸びる」。そう信じて生徒と触れ合うことを、「寄り添う」と表現していい思います。優しく褒めることもあれば、厳しく叱らなければならないこともあるでしょう。じっと見守るだけのこともあると思います。いずれにせよ、常に寄り添う心で、生徒を伸ばしてください。

不登校などで悶々と悩んでいる若者たちへ。

今は苦しいかもしれないけど、少し先には楽しいことが待っているかもしれない。ほんの少しでいいから、外の世界に飛び出す勇気をもってほしい。そして歩み出してみようよ。

失敗するかもしれない。でも、やろうと思った瞬間、失敗や挫折が、今度は経験に変わるのです。経験は君たちの力になります。悩める君たちを私は応援している。少しだけ長く生きた経験から、そう願う大人がいることを君たちに伝えたいです。

ガン友をはじめ、重病で闘病生活を余儀なくされている皆さんへ。

苦しいことの連続の日々で、耐えることばかりですね。ときには治療が立ち止まったり、後ろに戻ったりすることもあるでしょう。でも、どんなことがあっても諦めないでください。そのために希望を語り合いましょう。そうした中から笑顔は生まれるのです。あなたの笑顔が未来を切り拓いてくれると信じています。

私からのエールを書にしたものを、アマチュア写真家の日比野憲輔さんが素敵な写真とコラボして作品にしてくださいました。私の拙(つたな)い我流の書が、日比野さんの写真で映えております。

「方円の器Ⅱ」刊行実行委員の皆さまをはじめ、本の予約やゲラチェックで刊行を後押ししてくださった皆さま方には、本書実現のためにお力をお貸しいただきました。心より、御礼申し上げます。

不知火書房の米本慎一さんには発行に際し、細かい点にまでご配慮いただき感謝申し上げます。

友道　健氏

２０２０年師走　福山市神辺町の自宅にて

2021年1月3日
川崎医大病院にて

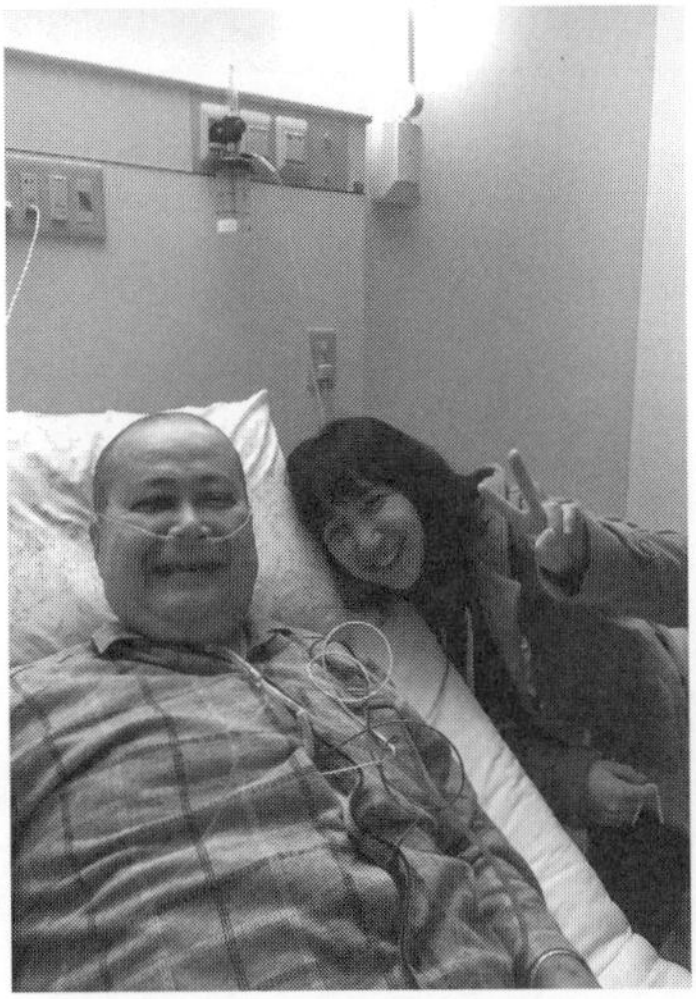

次女と

三女と女房と

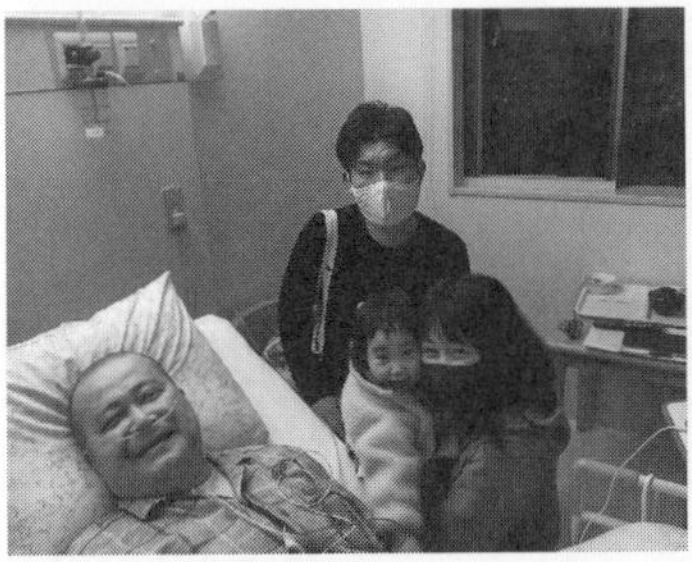

次女の家族と

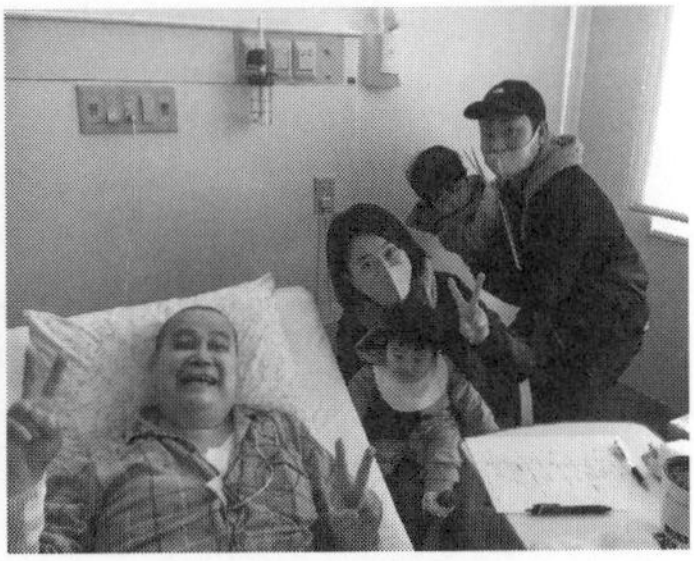

長女の家族と

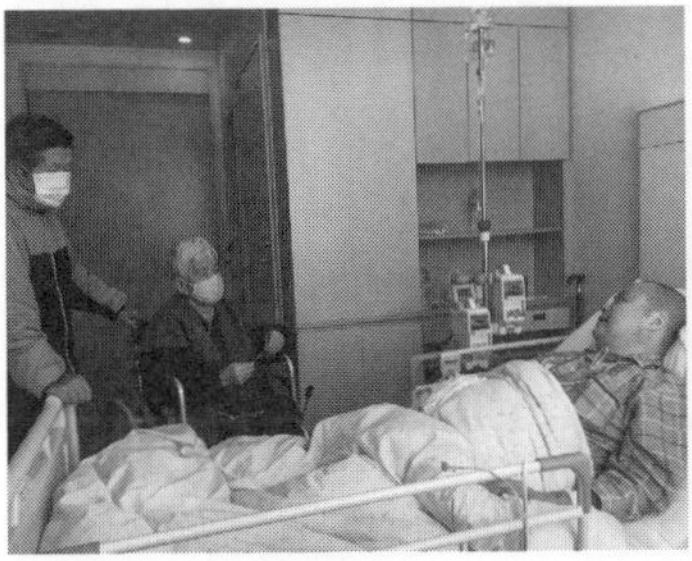

両親と

女房と

学力」（佐藤剛史編集、書肆侃侃房）を刊行

2018（平成30）年：59歳。3月、定年まで1年を残し、退職。9月、多発性骨髄腫が再発

2019（平成31）年：60歳　9月、神辺町の長谷川写真館で「病室落語」を発表。10月、2度目の「造血幹細胞移植」を行うため、川崎医科大学附属病院に再入院

2021（令和3）年：61歳　1月、「方円の器Ⅱ～生きるって素晴らしい」（編・佐藤弘、不知火書房）を刊行

【趣味】

旅行、サイクリング、サッカー、シーカヤック、落語、読書、植物鑑賞

1983（昭和58）年　中国シルクロードへの旅（敦煌～トルファン～ウルムチ）

1991（平成3）年　カナダツーリング（バンクーバー島半周の自転車ツアー）

1993（平成5）年　トルコツーリング（カッパドキア～イスタンブールのアナトリア高原縦断自転車ツアー）

1995（平成7）年　鳥取・岡山間センチュリーラン180km（記録：5時間5分）

編者／佐藤 弘（さとう ひろし）

1961（昭和36）年、福岡市出身。中学時代、有吉佐和子の「複合汚染」を読み、ふるさとの野山がおかされていくわけを知る。百姓を志し、東京農大農業拓殖学科に進学するも、深遠なる「農」の世界に触れ、実践者となることを断念。側面から支援する側に回ろうと西日本新聞社に入社。2000年、連載「農に吹く風」を経て、2003年から食を通して社会のありようを考える長期連載「食卓の向こう側」を手掛ける。

2014年、「子どもがつくる"弁当の日"」をテーマに、福岡市で開かれた「子どもの暮らしと育ちシンポジウム～食が育む心と体」（福岡県主催）で著者と知り合う。その後、西日本新聞朝刊のコラム「佐藤弘のよか話を聞いたとですよ」に何度も著者の話を掲載したことなどを契機に、「方円の器Ⅱ」の編集に携わる。

著者、編者略歴

著者／友道 健氏（ともみち けんじ）

1959（昭和34）年：0歳　広島県深安郡神辺町に、父・弘文、母・登喜子の長男として生まれる

1971（昭和46）年：12歳　広島県神辺町立御野小学校卒業

1974（昭和49）年：15歳　広島県神辺町立神辺中学校卒業

1977（昭和52）年：18歳　岡山県立井原高等学校卒業

1978（昭和53）年：19歳　一浪して同志社大学商学部入学。「喜劇研究会」に所属し、2回生後半より第18代会長となる。朝日放送の人気番組「ラブアタック！」などにも出演

1982（昭和57）年：23歳　同志社大学卒業

：福山市立山野中学校に、社会科教師として赴任

1992（平成4）年：33歳　神辺町立神辺西中学校に異動

2001（平成13）年：42歳　神辺町教育委員会事務局教育指導課指導主事。生徒指導・教科指導・道徳指導・小学校英語活動を担当

2006（平成18）年：47歳　福山市との市町合併により、福山市教育委員会指導課指導主事となる（3月）

：福山市立福山中学校教頭（公立中高一貫教育校）

2009（平成21）年：50歳　福山市立神辺中学校校長

：広島県教育委員会より中学校学力向上対策事業の指定を受ける

：北方四島交流教育関係者訪問事業（総務省・外務省・文科省、教育関係者との対話集会に参加：色丹島）

2012（平成24）年：53歳　広島県公立中学校長会学校経営委員会委員長（～2013年まで2年間）

2012（平成24）年：53歳　サイクリング事故で九死に一生を得る（4月29日）

2013（平成25）年：54歳　福山市立大成館中学校校長

2015（平成27）年：56歳　第1回中国ブロック中学校社会科教育研究大会実行委員長

2017（平成29）年：58歳　1月、「多発性骨髄腫」発症。「造血幹細胞移植」を行うため、川崎医科大学附属病院に入院。3月、大成館中学校校長を退き、休職。10月、「方円の器～奇跡の中学校長が語る教育と

「方円の器Ⅱ」刊行実行委員会

委員：岡崎好秀
　　　木戸みどり
　　　今井一彰
　　　鈴木公子
　　　内田美智子
　　　伊藤　真
　　　大友聡之
　　　太田秀人
　　　柿崎陽介
　　　船ヶ山清史
　　　新城　敦
　　　柏木　勢
　　　竹下和男
　　　柴田真佑
　　　安武信吾
　　　満　由美子
　　　昇　幹夫
　　　日比野憲輔（写真画撮影）
企画：佐藤　弘
協力：米本慎一（不知火書房）

方円の器 II　生きるって素晴らしい

2021年2月20日　初版第1刷発行 ©

定価はカバーに表示してあります

著　者　友道健氏
編　者　佐藤　弘
発行者　米本慎一
発行所　不知火書房

〒810-0024　福岡市中央区桜坂3-12-78
電 話 092-781-6962
FAX 092-791-7161
郵便振替　01770-4-51797
制作　藤村興晴（忘羊社）
印刷・製本　モリモト印刷

落丁本・乱丁本はお取替えいたします　Printed in Japan

ISBN978-4-88345-134-0 C0037